JN195428

営業の顧客創造

● 営業改革論再考

中村真介
Nakamura Shinsuke

Customer Creation
by the Sales Force:
Reconsidering
the theory of
Sales Innovation

文理閣

はしがき

　営業という部門の仕事が大きく変わろうとしている。政府の「働き方改革」の推進によって、業務の効率化や業務の質の向上が求められているのである。かつて営業という部門の仕事は、経験と勘に裏打ちされた職人技といわれた。しかしデフレ不況の中で、2000年以降、営業プロセスの見直しが指摘され、マーケティング研究の一分野として研究の蓄積をみた。高嶋をはじめとするマーケティング・流通研究者による「営業プロセス・イノベーション」等がそれに当たる。これらの研究は、営業という部門の仕事に初めてスポットライトを当て、その役割と変化を解きほぐしたといえる。一方、新たな変化、すなわち「働き方改革」や「顧客創造に向けたマネジメント」の問題として、今日的な問題を解きほぐすには十分とはいえない。本書は、これまでの営業に係る理論的蓄積と営業改革の事例を整理すると共に、こうした今日的な課題に対し、ドラッカーの顧客創造の視点から解き明かそうという試みである。

　なお、本書は著者の博士論文がベースとなっている。博士論文執筆に際しては、ドラッカー研究の大家である立命館大学大学院 経営学研究科 名誉教授 三浦一郎先生に10年間にわたってご指導いただいたことに心より感謝申し上げたい。また営業の先輩でもあり、修士時代より営業研究に関し様々な示唆をいただいた県立広島大学 経営情報学部 教授 粟島浩二先生をはじめ、論文構成や文章表現についてご指導いただいた立命館大学大学院 経営学研究科 教授 石崎祥之先生・准教授 吉田満梨先生、経営管理研究科 教授 肥塚浩先生に心より謝意を表したい。

　さらに三浦ゼミで長年にわたりお世話になった元新田ゼラチン㈱取締役 森村正博氏、元成美大学 経営情報学部 准教授 宮内拓智先生、金沢星稜大学 経済学部 教授 岸本秀一先生・教授 石川敦夫先生、立命館大学 食マネジメント学部 教授 田中浩子先生・准教授 小沢道紀先生、比治山大学 現代文化学部

准教授 山本敏久先生、立命館大学大学院 経営学研究科 博士課程 西川英臣氏には、論文執筆についての数多くの有益なコメントやご支援、励ましをいただき心より感謝している。

　事例研究では、企業の営業管理者または営業担当者を中心にインタビュー調査を実施させていただいた。寿藤政人氏、江坂由信氏、川合秀司氏、布施義子氏、池本勇氏、縄嵜浩毅氏をはじめ調査にご協力いただいた方々には、この場を借りて御礼を申し上げたい。そして、本書出版にあたってご尽力いただき、入念な編集・校正をしていただいた文理閣の山下信編集長に心より感謝申し上げる次第である。

　最後に、私事で恐縮ではあるが、長年にわたって支え続けてくれた父と母、兄、妻には深く感謝している。そして、論文執筆中に誕生した長女・真央、次女・真衣、三女・真奈には、生きることの意味を常に教えてもらっているように感じている。本書をまとめられたのは多くの方々と家族、先祖のおかげである。

　2018 年 12 月

　　　　　　　　　　　　　　　　　　　　　　　　　　中村 真介

目　次

第2章　日本における営業研究の系譜

終章　ビジネス市場における営業改革に向けて

序章

本研究の課題と構成

1. 問題意識と研究目的

1.1　1990 年代以降の営業プロセス改革論と現場とのギャップ

　営業問題を考えることは、マーケティング研究にとって重要な意味を持つ。企業[1] におけるマーケティング活動の主要な部分でありながら、学術的な関心が寄せられることが少なく、つい最近まで充分な研究の蓄積がなされていなかった。よって営業問題は、営業の視点から企業のマーケティングの体系を捉え直すという理論的な重要な意味を含んでいるといえる[2]。

　日本の営業研究[3] は、1990 年代半ばから 2000 年初期にかけて神戸大学の田村正紀、石井淳蔵、高嶋克義などのマーケティング・流通研究者によって積極的に取り組まれた。彼らは、一部の天才に依存する従来の「個人型営業」から、IT を活用した合理化・効率化による「組織型営業」への転換を目指した。組織型営業とは、営業担当者が持つ知識やノウハウを共有化し、現場のコミュニケーションを活性化したり、能力のバラつきをなくしたり、部門間の連携を強化することで顧客との組織間関係を構築することを目的としている[4]。その仕組みとしてデータベース営業、プロセス管理、チーム営業を取り入れながら、営業活動のプロセス・イノベーション、つまり営業活動のスタイルを抜本的に改革することが強調されている[5]。これらは今日における我が国の営業研究の基礎を築いたと言っても過言ではないだろう。

　しかしながら、彼らが提唱した営業プロセス改革が全ての企業において成果をあげているわけではない[6]。確かに成果をあげている企業では、データベースによって顧客管理や営業活動の進捗管理、部門間連携というものが現

場で有効に機能しているが、一方で企業が営業担当者の統制強化のみに使われるといった誤った認識や、営業担当者への十分な説明もないままにシステムが導入されたことで機能不全に陥り仕組みそのものが形骸化してしまっているケースも散見される。

　欧米における SFA（営業支援システム）の失敗率は 60 ％を超えているという[7]。その主な要因が、ツール主導で SFA の導入が検討されてきたことにある。本来、営業改革の手法である SFA が単なるソフトウェアに代表されるツールとして位置づけられ、特に経営者層にはツールを導入すれば即理想的な営業活動が自動的に展開されるかのような意識が強い[8]。

　日本においても 1990 年代の情報化の流れは、「開発する人と利用する人の争い」とも言われ[9]、当初 IT への純粋な技術としての機能に焦点が注がれていたこともあり、現場の営業部門よりも情報システム部門が主導権を握っている場合が多かった[10]。その結果、顧客に最も近い営業担当者が改革の対象から取り残され、実際の営業活動において有効な仕組みといえるかは疑問である[11]。

1.2　重要性が増す企業の価値創造

　こうしたことを背景に、近年企業では大きな変化がみられる。それはビジネス市場[12] における「価値共創（co-creation of value）」の概念の登場である。価値共創の特徴として、従来のアメリカ学派によるマーケティング理論では、製造業における生産物の「交換価値」に焦点をあてているのに対し、顧客との相互作用プロセスを通じて価値が共創されていく「利用価値」に焦点をあてている点である[13]。

　また価値共創は、顧客と共に価値を創り出すことであるが、これは 2 つの文脈で論じられている。第 1 にサービス・ドミナント・ロジック（service-dominant logic）と呼ばれる概念であり、経済交換が「モノ」中心から企業のもつ専門化されたナレッジやスキルといった「サービス」を中心とするものへとシフトすることを提唱するものである。こうした試みは、顧客価値を「企業が製品・サービスを通じて提供するもの」という考え方から「企業と

顧客が共に創り出すもの」へ転換することを促すものである。価値共創においては、顧客価値を売買が成立したときに顧客が受け取る交換価値ではなく使用価値にフォーカスしている[14]。

第2に「オープン・イノベーション（open innovation）」に代表される顧客参加型の共同開発による価値創造という概念である。これはビジネスにおいて既存のバリューチェーンの考え方が変化し、企業間の連携や、最終消費者をも巻き込むビジネス・システムを提唱するものである[15]。なかでも戦略型オープン・イノベーションは、主体者（事業をやりたい企業）が明確な目的を持ち、そのために必要な資産や技術を持つ組織を見つけ出して協業する形が一般的になってきた[16]。

ドラッカーは『ネクスト・ソサエティ』において、もはやいかなる産業・企業にも独自の技術というものがあり得なくなったと論じている[17]。近年企業ではイノベーションの創造において過去の成功パターンが通用しなくなったといわれている。そこで、企業が更なるイノベーティブなコンセプトを体系的・組織的に創造するためには、外部に目を向け市場や顧客との直接接点を持つ営業の果たす役割がますます重要となりつつあるといえる。

1.3　変化する営業担当者の役割

2012年、石井は『営業をマネジメントする』でドラッカーの『マネジメント』について触れ「営業プロセス・マネジメント」を営業革新の第3の道として掲げたのは大変興味深い。これはドラッカーのマネジメントを基礎としながら、営業における評価の客観性を追求すると同時に個人の独創性を活かすことの重要性を示唆している[18]。

ドラッカーは『マネジメント』において「マーケティングの理想は販売を不要にすること」であるといったが[19]、今日ビジネス市場において営業活動は、単なる販売ではなく、様々な知識をつかって新たな価値を生み出すイノベーションの中核的役割を担うようになってきた。それに伴い、知識労働者として営業をマネジメントする必要性が高まっている。営業という仕事は幅広く、顧客からの情報収集や製品開発、価値提供、事後サービス、また顧

客との関係構築から維持に関わる企業全般の活動に関わっている[20]。昨今のように顧客ニーズが多様化し変化が激しく取引規模が大口になるほど、売り手には高い顧客適応力が求められる。そのためには個々の顧客の異なるニーズに対して企業の全業務過程を営業活動によって顧客適応させることが重要となりつつある[21]。また、営業活動は状況依存的で動態的であるため、マニュアル化することは困難であり、他人が容易に模倣できるものではない[22]。仕事の成果についても顧客に如何にどれだけ売ったかではなく、如何なる価値を創造したのかが問われ始めている。

　近年では、情報技術の発達によって従来有効とされてきた顧客に寄り添い顧客の声に耳を傾けるだけの御用聞き営業の時代は終わりつつあり、多くの企業ではビッグデータや情報システムの構築によって営業部門を介さなくても顧客の声がストレートに企業にあがってくるようになった[23]。このような時代に重要となるのが、顧客に未知の解決策や想定外の解決策を提供することである。かつて「ソリューション」であったものは知れ渡り、何をどのように入手すればいいか、競争優位性の視点を第三者に委ねる必要がなくなってきているのである[24]。そうした中で、顧客のイノベーションを実現するには技術ではなく、新たな競争力の源泉として営業担当者が持つ知識やアイデアによって生み出されるビジネス上の付加価値に大きな注目が注がれるようになった。

1.4　本研究の目的

　価値創造と知識労働のマネジメントの重要性に関して、理論的指針となるドラッカーは、1969 年『断絶の時代』で知識社会の到来について触れ、はじめて知識労働者という言葉をつくった[25]。また 1954 年『現在の経営』では、企業の目的はイノベーションとマーケティングによる顧客の創造であると説いた上で[26]、知識労働者の特性を理解した「人と仕事のマネジメント」を行うことが重要であると論じている[27]。

　知識労働者のマネジメントは、肉体労働とは異なり自らの専門的知識や経験を通じて答えを導き出すため、その領域に他者が踏み込んだり、プロセス

を定型化することは難しい。なぜならば、知識労働の主たる部分は思考のプロセスであり、それを明確な要素に分解して捉えることが困難だからである[28]。また、明確な要素に分解できたとしても、プロセス通り進めても成果に結びつくとは限らない。営業という仕事も、過程を通じて何を生み出すかが明確な製造プロセスとは異なり、市場や顧客といった不確実性のなかで試行錯誤しながら成果をあげなければならない。そのためには、営業担当者は既存のフレームワークではなく、自ら課題設定しその解決の方法を導き出さなければならない。つまり知識労働では過程よりも何を生み出すのかが重要となるため、単に合理化・効率化だけで解決される問題ではない。いまや営業にとって重要なのは、営業活動を通じ顧客に如何なる価値を提供するのか、いわば"質"に関する問題といえるだろう。

　ドラッカーは、知識労働の生産性に関する問題こそ21世紀の先進国にとって最大の問題であると指摘したように[29]、企業においても研究分野においても創造的な人材をどのように育成し、活用してゆくのかという問題は大きなテーマとなっている。田村、石井、高嶋が提唱したデータベース営業、プロセス管理、チーム営業等の営業改革が現場にうまく伝わらず、時として機能不全に陥ってしまうことのある要因のひとつに、仕組みそのものの問題というよりも、仕組みがどのように活用されるべきかといった知識労働に関する問題があるのではないだろうか。これらの仕組みを有効に機能させるためには、営業担当者がどのような知識労働によって成果を上げているのかを明らかにする必要があるだろう。

　しかしながら、これまで営業を知識労働という文脈で捉えた研究は極めて少ない。田村、石井、高嶋にとって知識労働や顧客創造という概念は当然のものとして捉え、敢えて議論されていない。これは90年代のバブル崩壊、急速なグローバル化や情報化といった市場の流れを受け、営業のIT化を目的とした仕組みづくりが喫緊の課題と受けとめられていたためだと考えられる。だが、こうした競争力の最大化を目的としたとき、数量的・実証的な理論、数理モデルの構築が容易になる一方で[30]、個人能力の分野が標準的な範囲から外れるため、ある種簡単にマネジメントできる世界に現象を限定し

ようとする動きが働く。また、実践段階において企業側による仕組みへの誤った認識や仕組みさえ導入すれば良いといった考えによって、営業改革の逆機能ばかりが注目されてしまうのである。このようなギャップについて近年高嶋は『営業改革のビジョン』で、制度や運用面、人事評価など様々な視点から導入に向けた議論を展開しているが、成果というより広い視点で捉えるならば、仕組みを有効に機能させる知識労働としての営業とは何かといった根本的な議論が必要となるだろう。

　したがって本研究は、1990年代を中心とした日本の営業研究を包括している高嶋の「営業プロセス・イノベーション」を再考することで、彼らが当たり前だと考え、そこまで強調してこなかった知識労働としての営業に焦点をあてている。その中で営業担当者による価値創造の発想力とそれを管理するための自由と責任によるマネジメントの仕組みが組織の営業における質を決定づける重要な要素であることを明らかにすると共に、顧客創造への新たなマネジメントを考える上での理論的示唆を得ることを目的としている。

　文献レビューでは、1920年代以降における米国のマーケティング理論によるセリング研究から営業とセリングの違いを明らかにすると共に、1990年代の日本の営業研究の概観から高嶋が提唱した「営業プロセス・イノベーション」の意義と課題を考察する。さらに知識労働に関する直接的な議論ではないものの関係性の強いとされる近年米国で展開されているセールスマンの創造性に関する議論についても考察を行う。その上でドラッカー理論に基づいた顧客創造の理論的フレームワークを提示する。また事例研究では、3つの生産財企業による成功事例から営業担当者、営業管理者、顧客に対してインタビュー調査を実施し、営業における知識労働者の育成・マネジメントと、顧客創造の実際について考察を行うことで、従来の「セリング」、「チャネル」を越えた「顧客創造」を目的とした営業への指針を提示することを目的とする。

　なお、本研究は高嶋の「営業プロセス・イノベーション」の意義について積極的に認めつつも、その基礎にドラッカーの理論を位置づけることで、はじめて仕組みが有効に機能し成果につながることを明らかにするものであ

る。よって「営業プロセス・イノベーション」を否定したり、それに代替するようなものではなく、高嶋の議論においては必ずしも明示的ではなかった知識労働という新たな視点を加えることで高嶋の営業プロセス・イノベーション論をさらに発展させることを目指している。顧客との接合点である営業部門が知識労働によってデータベース営業、プロセス管理、チーム営業を有効に活用することで顧客創造に貢献することが明らかになれば、企業にとって営業部門や営業担当者の役割が大きく変わるだけでなく、顧客との関わりにおいて新たな価値創造への可能性と企業成長の原動力となってくることが期待できるだろう。このように営業を知識労働の観点から捉え直すことは、コモディティ化と顧客ニーズの多様化によって競争が激化する中、営業担当者の創造性を引き出すことで顧客の価値創造を実現し、営業改革のもつ潜在能力を顕在化させるよい契機となる。この点こそ本研究の特徴をなすものである。

2．本研究の研究課題とアプローチ

2.1　研究のフレームワーク

　本研究は、仮説探索的要素が強いため、ここでは先行研究をベースとして、営業活動による価値創造の問題意識を構造化した研究フレームワークを示すこととする。

　本研究は大きく3つの領域から成る（図序－1参照）。まず第1に1920年代以降における米国のセールスフォース・マネジメントを中心とした個人の販売に関する議論である。営業研究の起源は、1900年初頭から米国で始まった人的販売論と販売管理論にある。その後マーケティング理論によってセールスフォース・マネジメントとして発展していった。ここでは営業ではなく販売、つまり"価値の伝達役"としてどれだけ商品を不特定多数の顧客に効率的に多く売るかが重視されていた。主に一般消費財を対象としたセールスマンの販売技術の向上や販売員の管理、販売部門の組織設計などが議論されている。この時代の特徴として、トップダウンによって仕事が割り当てられ、

仕事の目的が販売に特化していることから、如何に効率よく製品の価値を多くの顧客に伝えるかが問われ、仕事の成果は常に個々の販売成績であった。

　第2に1990年代後半を中心とした日本における営業研究の展開である。ここでは、日本の営業の特殊性に着目し、従来の個人型営業が抱える過剰な顧客志向や現場志向を抑制すると共に、ITを営業に取り入れデータベースによる情報の可視化、営業活動のプロセス管理、部門間連携によるチーム営業などが活発に議論されている。この時代の特徴としては、従来現場中心であった営業を組織中心へと転換している点であり、よって組織は個々の営業担当者が持つ多くの情報を集め、共有させることを最も重視した。これによって、営業部門に属する個人による販売の問題から営業部門以外の他部門を含めた組織的な関係性の問題へと拡張されてきた。だが仕組みは構築されたが、実際にそれらが有効に機能し、営業担当者の創造性が向上するのかという問題が残されていた。

　第3に本研究で取り組むべき「知識労働としての営業による顧客価値の創造」である。近年米国ではセールスマンの創造性に関する研究が展開されている。ここでは社会心理学の視点からセールスマンの創造性の役割や重要

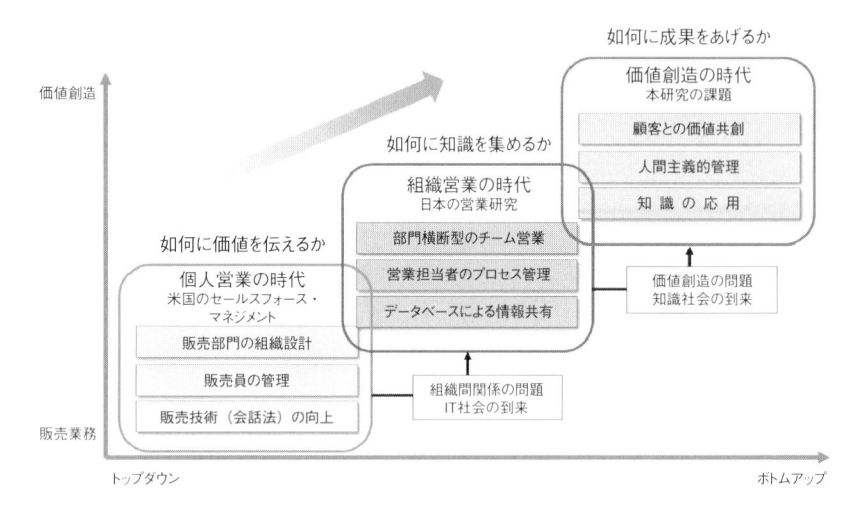

図序 - 1　本研究のフレームワーク

（出所）著者作成。

性、またセールスマンの創造性に影響を与えているものが何なのかについて議論されている。しかしながら、あくまでもセールスマン個人の創造性に焦点が当てられており、それを組織が如何に育成し、マネジメントしてゆくかについてはほとんど触れられていない。

　そこで本研究は、これらの議論を踏まえ、知識労働者のマネジメントを主要な課題としているドラッカーを参考にし、「知識労働としての営業による顧客価値の創造」をテーマとしている。ドラッカー理論を取り上げる意義は、学術的に「知識の応用」、「人間主義的管理」、「顧客との価値共創」について個々の問題として取り上げている研究者は多く存在しているが、"事業"という総合的な観点から体系的な問題として捉えているドラッカーに着目し、ドラッカーの視点から顧客創造に向けた新たな営業の在り方について考察を行うところにある。なお、ここでは単に営業担当者が顧客価値を創造しているかどうかを考察するのではなく、従来のデータベース営業、プロセス管理、チーム営業という仕組みをより有効に機能させるための基礎として「知識の応用」、「人間主義的管理」、「顧客との価値共創」が重要な役割をもっていることを明らかにする。図序－1では、以上で述べたことが整理され示されている。

2.2　本研究の課題

　次に、本研究は、前項であげた3つ目の領域である知識労働としての営業による顧客創造に対して、次の3つの課題をあげ分析を行っている。まず知識労働者としての営業担当者を方向付けるための「組織による顧客志向の実践」、また市場の変化を自らの機会とする「イノベーション機会の発見」、そして実際に営業活動によって新たな価値を創造する「マーケティングによる顧客創造」である。以下、それぞれの視点における着目ポイントを明記する。図序－2では分析の視点を示している。

課題①「組織による顧客志向の実践」
　企業は組織としての顧客志向を如何にして高めているのか。

課題②「イノベーション機会の発見」

　企業は営業活動を通じて市場変化や顧客ニーズを如何にして捉えているのか。

課題③「マーケティングによる顧客創造」

　企業は顧客のイノベーションを如何にして実現しているのか。

課題①　組織による顧客志向の実践についての分析視点

　一般的に営業といえば、自身の受注ノルマの達成だけをひたすらに追い求めるイメージが強い。しかし知識社会において営業部門が顧客のイノベーションを実現するためには、営業という仕事のミッションを価値創造として再定義すると共に、企業において営業担当者の位置づけやマネジメントの在り方を変革させる必要がある。したがって組織が営業担当者に対して如何なる成果や貢献を求め、組織としての顧客志向をどのように高めているのかを明らかにすることは、営業の価値創造を考える上で重要な視点であるといえる。なお、本研究ではデータベース営業との関係性について考察を行う。

課題②　イノベーション機会の発見についての分析視点

　営業が知識労働であるならば、営業担当者が市場の変化に気付き、自らの機会に転換できるかは大きな分岐点となる。目先の商談獲得だけを目的とした仕事の進め方は、短期的な目標を達成する上で有効であったとしても、将来的な価値の創出にはつながらない。そのためには営業担当者は顕在化した事象だけを受け止めるのではなく、そこから本質を捉え自ら課題設定することが必要となってくる。したがって営業担当者による市場の変化や顧客の潜在需要の発見は、組織が新たな市場を創造する上で重要な視点であるといえる。なお、本研究ではプロセス管理との関係性について考察を行う。

課題③　マーケティングによる顧客創造についての分析視点

　営業の業務において、自社の製品や技術に付加価値をつけるのは他社との

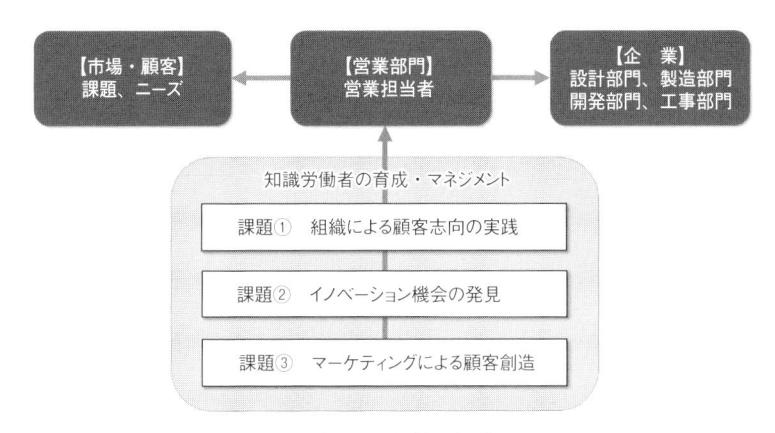

図序 - 2　分析の視点

（出所）著者作成。

差別化を図る上で重要となる。また近年では、営業部門が顧客のイノベーションを具現化する上で中核的な存在となりつつある。そうした中で、営業は単なる販売活動ではなく顧客の課題に対し営業担当者自らがコーディネーターとなり、様々な製品やサービスをつなぐことで新たな価値創出を図っている。したがって営業担当者が営業活動を通じて如何なる顧客価値を創造しているのかを考察することは、組織が営業で成果をあげる上で重要な視点であるといえる。なお、本研究ではチーム営業との関係性について考察を行う。

2.3　調査概要

先に掲げた3つの課題に対する解を導出するための調査目的、調査内容について述べる。具体的には「組織による顧客志向の実践」、「イノベーション機会の発見」、「マーケティングによる顧客創造」の課題に沿って調査を行う。以下では、まず、調査を行う目的に触れ、そして、どのような調査手法を選択し、どのような調査対象を選定したかについて詳しく述べていく。

2.3.1 調査目的

　本調査の目的は、組織が如何に知識労働者としての営業組織を育成・マネジメントし顧客のイノベーションを実現しているのか、その中でこれらの活動を促進するための組織的マネジメントとして営業プロセス・イノベーション（データベース営業・プロセス管理・チーム営業）の仕組みがどのように活用されているのかを探索的に明らかにすることにある。今回掲げた3つの課題は、営業担当者単独によるものではなく組織内の複雑な状況が前提にあり、複数の要因が絡み合う関係性が想定され、それらの全容を把握し、可視化しなければならない。本調査では、これらの課題を明らかにするため、ケース・スタディを採用した。調査の方法や対象については以下で明記する。

2.3.2 調査方法（ケース・スタディ）

　前項で示したように、複雑な状況に迫るという条件を満たすためには、単に説明変数と被説明変数を特定するだけでなく、「なぜ」そうなるのか、「どのように」因果関係が成り立つのかについて深く考察する必要がある。このような条件を満たす調査方法としては、ケース・スタディが挙げられる。ケース・スタディはひとつあるいは少数の調査対象に対して定性・定量の両方を含む様々な情報の収集方法を用いて、調査対象の全体像を詳細に掴むことのできる方法といえる。ケース・スタディの目的として、まず探索目的のケース・スタディは新たな発見をするために何が起こっているのかを追求するものであり、研究対象への理解を明確化するものである。一方、描写目的のケース・スタディは研究対象を精緻に描写するためのものであり、因果関係の説明目的のケース・スタディは変数同士の因果関係を明らかにするためのものである[32]。このことからも、本研究の目的との整合性も図ることのできる調査手法としてケース・スタディを採用した。ケース・スタディにあたっては、主としてヒアリング調査を基本として、有価証券報告書や公式ホームページ、先行研究等の2次資料も利用した。なお、本調査では3つのケース・スタディを実施することにした。具体的には上記で取り上げた「本研究の課題」に基づきインタビューを実施した。

2.3.3　調査対象とインタビュー概要

　本研究は、調査目的に鑑み複数のケース・スタディを選択した。調査対象については生産財企業3社（電気設備工事会社、賃貸住宅メーカー、情報サービス会社）を取り上げた。B to Bの営業を対象とした理由は、コンシューマ向けの消費財取引に比べて顧客の事業活動との関連性が強く、営業活動が顧客の企業価値を左右する重要な役割を担っているためである。中でもインフラ財の営業は、1件あたりの取引規模は大きなもので数億円のものもあり、納入後は長期にわたってアフターサービスが発生する。何よりも顧客の業務や生産との関連性が深いため営業段階から高度な専門知識と課題解決の能力が求められる。

　特にこれらの業種は、これまで生産財マーケティングで扱われてきた製造業とは異なるビジネス特性を持っている。サプライヤ企業の場合、特定の顧客と比較的長期にわたり取引関係が形成されるが、建設や情報システムといった顧客のインフラを構築する場合、それぞれの案件によって施工場所（作業環境）や専門技術、取引業者などが異なることから短期間において高い顧客適応力が求められる。また、これらの業種では古くから技術営業、データ管理、連携営業といった取り組みがなされており、以前から一定の組織型営業がなされてきた。よって本研究でこれらの業種を対象とすることで、参考とすべき組織型営業のあり方について分析を行うものである。

　またインタビューでは、主に企業幹部、営業管理者、営業担当者などの協力を得て調査を進めた。研究テーマが営業であることから営業担当者だけに話を聞くと個々の案件の話題に偏る可能性があることや、実務担当者と管理者とでは考え方が違う可能性があることから、客観性の確保と総合的に全体を掴むために様々な立場の方々にインタビューを実施した。

　調査内容としては、各社において営業プロセス・イノベーションの仕組みが如何に活用され成果につなげているのかを調査すると共に、そのために如何なる知識労働の育成・マネジメントが行われているのかを調査した。また実際の価値創造の事例分析では、営業の知識労働に焦点をあてるため、製品開発や技術開発などといった技術部門による成功事例ではなく、営業部門が

中心となり様々な技術やサービスをコーディネートすることにより高い付加価値を生み出している事例を取り上げた。主に①顧客の事業ライフサイクルに沿ったバリューチェーンの構築、②顧客の事業の安定化・生産性向上に向けた顧客サポートサービスの提供の2つの角度から分析を行っている。

2.3.4 対象企業

事　例①　株式会社サンテック（電気設備工事会社）

選定理由：ゼネコンの下請けが中心となる電気設備工事業界において、独自の営業人材開発システムによって施主を対象としたソリューション営業を展開。製造業におけるリニューアル需要に着目し、工場建設ソリューション及び生産設備の保守メンテナンスを含む総合エンジニアリングサービスによって新たな価値創出を図っている。

事　例②　大東建託株式会社（賃貸住宅メーカー）

選定理由：建売りが一般的であった賃貸住宅業界において、オーナーの土地活用と経営リスクに焦点をあてたコンサルティング営業を展開。オーナーが抱える賃貸事業に関する課題に着目し、家賃保証制度、入居者斡旋、一括管理代行、資産承継など様々なサービスを融合した35年一括借上賃貸経営受託システムによって新たな価値創出を図っている。

事　例③　京セラコミュニケーションシステム株式会社（情報サービス会社）

選定理由：技術志向の強い情報処理サービス業界において、京セラフィロソフィとアメーバ経営によって独自のソリューション営業を展開。顧客のデータセンターの移設需要に着目し、データセンター移設業務代行をはじめ仮想化インテグレーションやサポートデスクの立ち上げ等によって新たな価値創出を図っている。

3．本書の構成

「第1章　マーケティング理論におけるセールスフォース・マネジメント」

　マーケティング研究における人的販売論と販売管理論の理論的蓄積を整理し、歴史的な考察を行う。歴史的考察とは、人的販売論と販売管理論が展開された社会、文化、産業、技術あるいは教育といった幅広い歴史的な背景からその理論的基礎を明らかにすることを意味する。さらにコトラーによるセールスフォース・マネジメントの課題整理からセールスフォースの位置づけ、組織設計と管理について考察を行い、意義と課題を明らかにする。

「第2章　日本における営業研究の系譜」

　日本の流通研究者による営業研究を紹介し論点を整理すると共に、高嶋による営業改革論「営業プロセス・イノベーション」の意義と課題を明らかにする。従来の個人型営業から情報通信技術を活用した組織型営業へのパラダイムシフトについての歴史的背景と有効性を述べた後、顧客創造の観点から営業のプロフェッショナル性について考察し、営業改革で提唱された「データベース営業」、「プロセス管理」、「チーム営業」に関する意義と課題を明らかにする。

「第3章　米国におけるセールスマンの創造性研究の展開」

　近年、米国のセールスマン研究において注目されているセールスマンの創造性に関する議論を整理すると共に、創造性研究の意義と課題を明らかにする。主に社会心理学の視点からセールスマンの創造性に関する概念定義、創造的成果とその尺度について考察すると共に、セールスマンの創造性を発揮させる上で、大きな影響を与えるとされる心の知能指数（EI）および市場志向（MO）との関係性について考察する。

「第4章　営業による顧客創造についてのドラッカー的アプローチ」

　ドラッカーの顧客創造の視点から営業による知識労働の理論的フレームワークを提示し、「組織による顧客志向の実践」、「イノベーション機会の発見」、「マーケティングによる顧客創造」について考察を行う。さらにこれまで概観してきた米国のセールスフォース・マネジメント、日本の営業研究、米国のセールスマンの創造性研究について総括を行い、残された課題を示し、今後の営業革新の実現に向けた手掛かりを提供する。さらに事例研究に向けたリサーチ・クエスチョンとして知識労働者の育成・マネジメントに関する課題設定を行う。

「第5章　サンテックの営業人材開発システムによる顧客創造」

　株式会社サンテック（旧山陽電気工事株式会社　以下、サンテック）における独自の営業人材開発システムによる知識労働者の育成・マネジメントの取り組みについて考察を行うと共に、実際の顧客創造の事例を取り上げ、その有効性について考察する。1990年代バブル崩壊によって厳しい業況が続いたサンテックでは、従来の官庁・ゼネコン依存による営業様式から、施主向け提案型営業を展開。自動車部品業界における軽量化・電子化に伴う生産設備増強に向けた需要拡大に着目した製造業向けの工場建設ソリューションと生産設備の保守メンテナンスを含めた総合的なエンジニアリングサービスによる成功事例を取り上げる。

「第6章　大東建託のコンサルティングサービスのシステム化による顧客創造」

　大東建託株式会社（以下、大東建託）におけるコンサルティングサービスのシステム化による知識労働者の育成・マネジメントの取り組みについて考察を行うと共に、実際の顧客創造の事例を取り上げ、その有効性について考察する。大東建託は日本の農家における高齢化と後継者不足に着目し、賃貸住宅の建て売り営業から顧客の賃貸事業に関する経営ノウハウという付加価値に焦点をあて、土地活用に関するコンサルティング営業をはじめ家賃保証制度や一括修繕維持などによる「35年一括借上賃貸経営受託システム」を

確立。賃貸住宅事業の総合サービスによる成功事例を取り上げる。

「第7章　京セラコミュニケーションシステムのアメーバ経営による顧客創造」

　京セラの社内ベンチャーとして分社独立した京セラコミュニケーションシステム株式会社（元京セラ㈱経営情報システム事業部　以下、KCCS）におけるアメーバ経営による知識労働者の育成・マネジメントの取り組みについて考察を行うと共に、実際の顧客創造の事例を取り上げ、その有効性について考察する。KCCSでは、データセンター市場におけるサーバの技術進歩とデータセンターの陳腐化のギャップに着目。移設需要の拡大に向けた新規サービスの提供やサポートデスク立ち上げによる成功事例を取り上げる。

「終　章　ビジネス市場における営業改革に向けて」

　ケースから得た知見として「組織による顧客志向の実践」、「イノベーション機会の発見」、「マーケティングによる顧客創造」についての論点整理を行うと共に、本研究の目的である営業プロセス・イノベーションの仕組み（データベース営業、プロセス管理、チーム営業）を活用し、成果をあげる上で必要となる知識労働者の育成・マネジメントの仕組みを明らかにする。さらに本研究の到達点への理論的インプリケーションと実践的インプリケーションについて述べ、今後の課題を提起し結論とする。なお、図序－3では論文構成の全体像を示している。

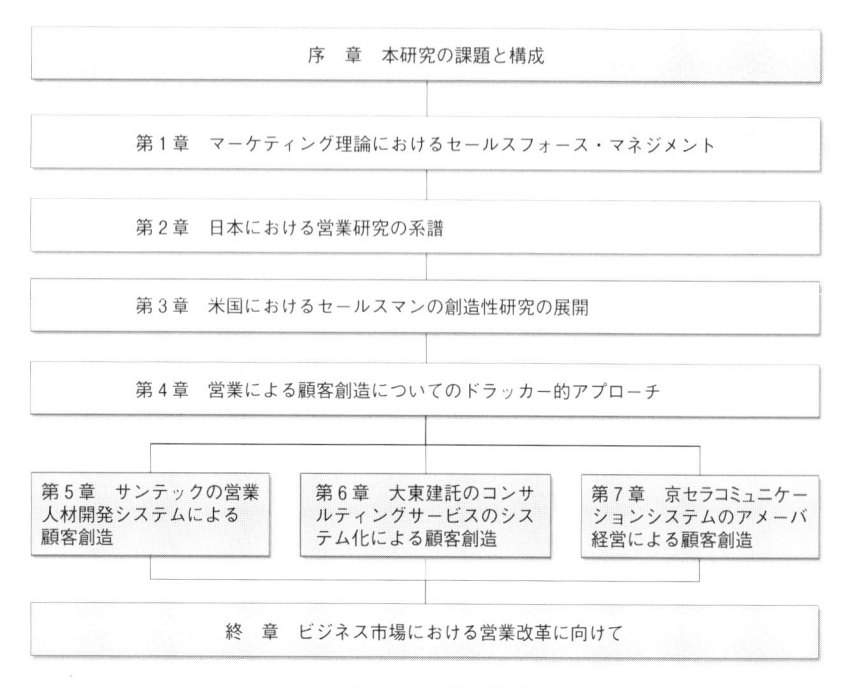

| 序　章　本研究の課題と構成 |
| 第1章　マーケティング理論におけるセールスフォース・マネジメント |
| 第2章　日本における営業研究の系譜 |
| 第3章　米国におけるセールスマンの創造性研究の展開 |
| 第4章　営業による顧客創造についてのドラッカー的アプローチ |
| 第5章　サンテックの営業人材開発システムによる顧客創造 | 第6章　大東建託のコンサルティングサービスのシステム化による顧客創造 | 第7章　京セラコミュニケーションシステムのアメーバ経営による顧客創造 |
| 終　章　ビジネス市場における営業改革に向けて |

図序 - 3　本書の構成

(出所) 著者作成。

1) 本研究では、営業活動の主体について個人と対比して使用する場合は「組織」と表現し、営業活動をはじめ製造や開発など企業活動全般を示す場合は「企業」と表現するものとする。
2) 高嶋 [2002] pp.2 - 4。
3) 『営業』という用語については、本研究では日米間における研究の歴史的背景や機能面での違いがあることから、米国研究においては「セールスフォース (販売部門)」、「セールスマン (販売員)」とし、日本の研究に関しては「営業部門」、「営業担当者」として使い分ける。なお、「営業」と「販売」の機能の違いについては第2章1項にて説明する。
4) 高嶋 [2002] はしがき。
5) 高嶋 [2002] はしがき。
6) 高嶋 [2005] pp.3 - 4。
7) Petersen [1997] p.21。
8) 前川 [1999] p.49。
9) 財前 [2002] pp.2 - 3。

10)　Petersen［1997］pp.1 - 3。
11)　前川［1999］p.28。
12)　Kotler, Keller［2012］p.210。コトラー、ケラーによればビジネス市場とは製品やサービスを他の製品やサービスの生産に使うために購入する全ての組織から成り立つ市場と定義している。こうした組織は、他の顧客に自分の製品やサービスを販売し、賃貸し、供給する。ビジネス市場を形成している主要産業には、農業、林業、漁業、鉱業、製造業、建設業、運輸業、通信業、公益事業、銀行業、金融業、保険業、流通業、サービス業がある。
13)　グルンルース［2015］序章。
14)　池田・山崎［2014］p.227。
15)　南［2014］pp.49 - 50。
16)　星野［2015］p.41。
17)　Drucker［2002］pp.63 - 77。
18)　石井［2012］p.201。
19)　Drucker［1974］pp.64 - 65。
20)　高嶋・南［2006］p.113。
21)　田村［1999］pp.68 - 70。田村は営業活動とは企業を代表し顧客対応することであるとし、これをホロンとして行動すると表現している。
22)　田村［1999］pp.115 - 116。
23)　斎藤［2014］参照。
24)　斎藤［2014］参照。
25)　Drucker［1969］pp.321 - 377。
26)　Drucker［1954］pp.34 - 39.
27)　菊澤［2015］参照。知識労働の特性と「人と仕事のマネジメント」に関しては、1954年『現代の経営』においても論じられている。
28)　Davenport［2005］pp.46 - 60。
29)　Drucker［1969］pp.321 - 377。
30)　菊澤［2015］参照。
31)　Drucker［1954］p.37。
32)　Yin［1994］参照。

第1章

マーケティング理論における
セールスフォース・マネジメント

　本章では、米国におけるマーケティング研究における人的販売論と販売管理論の理論的蓄積を整理し、歴史的な考察を行う。またコトラーによるセールスフォース・マネジメントの課題整理からセールスフォースの位置づけ、組織設計と管理について考察を行い意義と課題を明らかにする。

　それに加えて、セールスフォース・マネジメントから派生し1970年頃から展開されてきた生産財マーケティング及び関係性マーケティングに関する概要とその課題点について考察を行う。これらの諸研究を検討することは、本研究の基礎であり、次章において検討する現代日本の営業研究の特徴と位置づけを明らかにするために必要であると考えられる。

1．人的販売論の成立と限界

1.1　人的販売論の誕生

　1850年代、米国で登場し始めたセールスマンは、組織に属さない「巡回商人」の発展形態として米国全土を巡回し、小売店への売り込みや注文取りに努めた旅商人であった。これらセールスマンは、管理者の目を離れて遠く店外で活動するため、企業としてその管理の問題が発生したのである[1]。

　周知の通り企業が製品を販売するという活動において、マーケティング研究では、「人的販売」と「機構的販売」という2つの側面からアプローチされている。「人的販売」とは、顧客との主たるコミュニケーションを販売員を介して行う販売行為であり、ここでは商品の提示と情報提供による説得活動、需要喚起活動が行われる。「機構的販売」とは広告媒体や通信技術、あ

るいは機械装置などによって顧客とコミュニケーションを図り、販売を行うことである。したがって、人的販売論は、人的コミュニケーションを中心とする販売方法についての理論的体系といえる[2]。

人的販売論成立の基盤は、1800年代後半、米国における企業の生産力の増大に基づく販売拡張の要請と、恐慌の激化による販売問題の深刻化にある。最初の世界恐慌は1857年に襲来した。この恐慌は販売への関心を刺激した。その後の鉄道網の普及や西部のゴールド・ラッシュは、企業の生産力の増大に伴う販売問題、特に販売市場の西部への地域的拡張を刺激した。1860年、1868年の不況を受けながらも産業資本の生産力は急速に増大し、製造業者は数的にも規模的にも拡大すると共に企業合併により生産力を一層増加させた。その結果、増大した生産物を販売するために次第に高圧販売（high pressure selling）が促進された。特に1873年の恐慌は、販売問題に拍車をかけ、急速な販売量の増大は当時の大商人にとっても死活問題となった。このような生産力の増大に基づく販売拡張の要請と、恐慌の激化に基づく販売問題の深刻化との矛盾は、当時の製造業者や商業組織にセールスマンの量的増大と、その質的強化を必然化していったのである[3]。

セールスマンシップ[4]の研究や著作は既に1900年代から1910年代に生成した。イスタブルック（P. L. Estabrook）やヒルシャー（D. Hirsher）らによって初期的研究が成された。1910年代には、マックスウェル（W. Maxwell）やダグラス（A. W. Douglas）、ブリスコ（N. A. Brisco）、アトキンソン（W. W. Atkinson）らによって人的販売論が成立した[5]。初期の人的販売論に払われた関心は、ほとんどが外回りの販売活動に関するものであったが、1920年以降、小売店内部の販売活動に関する思想が現れ始めた。ダグラスは、セールスマンを「商品の販売人」と規定し、最も初期的概念規定を示した。ダグラスによれば、セールスマンの能力は現場で得た技術であり科学とは区別されるべきものであるとし、それらは組織によるセールスマンの管理と指導から成ると論じている[6]。また当時、顧客に値切られた場合の値切り対抗策がセールスマンの中心課題であった[7]。

初期において注目されたのは、セールスマンの経験的な勘であり、成功は

セールスマンの主観的な勘によって顧客の心理的法則を巧みに利用することであると考えられた[8]。ホイト（C. W. Hoyt）はこれを古い型のセールスマン（old kind of salesman）と表現している[9]。つまりセールスマンシップは、性格や生まれながらによる能力によるものであり分析や解釈のできるものではなく、販売活動は経験主義によって指導されるものとして何がセールスマンに仕事の成功をもたらすかは語ることができないと考えられた。

　しかし、アトキンソンら経営心理学者によって心理学の知見をセールスマンの販売技術に導入しようという試みが注目されるようになった。これによってセールスマンシップは、従来の主観的性格ではなく、客観的性格を持つようになると共に、秘伝の個人的伝授ではなく科学と技術による社会的学習が可能となった[10]。これにより1920年代以降、セールスマンシップは教育されうるという、生まれながらの能力に対する対立的確信に基づいて[11]、科学的管理法の導入による販売技術の合理化が試みられるようになり、セールスマンの販売技術そのものも標準化されていった。

　標準化は、第1に販売会話の標準化を通じて進められた[12]。販売会話（sales talk、selling talk）は、従来個々人の経験や勘に頼っていた。いわば「個人の創意と工夫」に依存していた。しかし、相手の心理法則に従って、一定の効果をあげるための説得の論理を導き出し、それを会話の中で客観化し、一般化、標準化することが必要だったのである。これは、販売会話における無駄の排除（elimination of waste）を意味し、また標準化であると同時に機械化（mechanization）を意味している。

　次いで、販売標準（standard of sales）即ち販売目標額の設定に応用された。標準の設定とは、本来「1日の作業量を設定すること」を示し、生産過程における課業管理（task management）として登場したが、販売活動においても、達成されるべき一定の販売量を設定することから始められた。

　1930年代になるとセールスマンの得意先巡回行動を中心に、科学的管理法の動作研究の方法が導入されることによって合理化することも試みられるようになった[13]。このような標準化と客観化によって、セールスマンの組織的・社会的な訓練の可能性が生じ、販売員訓練が初めて可能となったので

ある。

1.2 人的販売論の意義と課題

　人的販売論の貢献は、単なる販売経験だけではセールスマンが如何に行動し、また活動すべきか理論づけるには不充分とされるなかで、セールスマンの販売作業（sales work）の分析[14]としてスクリプト[15]理論を応用した認知的アプローチが用いられたことにある。スクリプトを研究することで、知識表象という間接的なかたちではあるが、販売員行動を記述し、分析の俎上にのせることが可能となったのである[16]。

　このことは、販売員教育やマネジメントに関して、より精度の高い明確な目標を販売員に与えることを意味しており、販売員の役割行動の研究や間接管理問題の解決という点で高く評価される。今日において、特に小売業の販売員研修や実際の管理の多くは、こうした人的販売論を基礎としたものである。初歩的レベルの販売員の教育やその管理法[17]として、人的販売論の果たした役割は大きかったといえる。また、管理の主体的方向づけが成されたことによって、販売という職業に対して社会的意義を明確にした功績も大きい[18]。さらに、企業における販売員の執行的作業の技法の問題からその作業を指揮監督し訓練する管理技術へと発展する糸口となったのである。

　人的販売論の発展過程における特徴は、独立型セールスマンから従属型セールスマンへの変化がみられる。独立型セールスマンとは、セールスマンの帰属する本部から、経済的にも販売技術的にも相対的独立性のあるセールスマンを意味する[19]。例えば米国のセールスマンの原型とされる巡回商人としてのペドラー（peddler）やドラマー（drummer）、地方巡回セールスマン（travelling salesman または commercial traveler）などである[20]。彼らの販売技術は、自分自身のために自身で創意工夫し、それによって獲得した顧客は自分の顧客としていた。彼らは自ら大いに工夫し甘言するので「ほら吹き族」と呼ばれていた。

　しかし企業の関心が生産過程のみならず流通過程における販売の合理化へと移るにつれ従属型セールスマンが登場し始めた。従属型セールスマンは新

しい型のセールスマンであり、経済的には本部の全面援助を受け、販売技術は、本部によって統一・標準化されたものを画一的に教育指導されていた。よって彼らが獲得した顧客は彼らの顧客ではなく企業の顧客であった。要するに彼らは完全に企業の一部として活動していたのである[21]。

　このように「古い型のセールスマン」が「新しい型のセールスマン」へと移行するにつれて、セールスマンを監督する必要性が増大した[22]。しかしながら人的販売論は、管理の問題ではなく、企業に管理される販売労働者が如何に販売するのかという作業技術の問題であった。したがって、増大したセールスマン達を如何にマネジメントすべきかという管理技術としての企業要請に応えるものとは言いがたい。つまり、独立型セールスマンから従属型セールスマンに変化したにもかかわらず、企業が主体的あるいはセールスマンに対する組織的なマネジメントを発揮する理論的枠組みを充分に提供していないといえる。また、人的販売論は売り手中心主義によるセリングのための顧客理解に傾注し、長期的な顧客とのコミュニケーションの重要性を指摘するには至っていない。したがって、より複雑で高度な顧客欲求やセールスマンに対するモチベーションに対して、充分な成果を期待できないものであった[23]。

2．販売管理論の展開

2.1　販売管理論の誕生

　販売管理論は、人的販売論の発展を追うようなかたちで1910年代から登場し始め、1920年代になって人的販売論と分離独立して本格的な展開をみせ始めた[24]。企業は、資本主義の発展に伴う商品の価値実現の困難化により、販売員を単なる価値実現の事務担当者即ち注文取り（order taker）から販売の積極的推進者（promoter）に転換するために管理を必要とした[25]。

　従来の人的販売論の焦点は、心理学を導入した第一線の販売員の販売技術（販売会話を中心に）と業務執行にあった。販売管理は、流通過程における販売作業の合理化を目的とし、販売員の業務執行を監督指導する販売員管理と

して登場し始めた[26]。つまり、販売管理への発展は、執行的なもの（operative）から管理的なもの（administrative）への発展でもあった[27]。自主独立型セールスマンによる企業従属型セールスマンへの発展過程において、セールスマン管理が必要とされるようになった背景にはセールスマン特有の条件がある。第1に、販売労働者の性格の問題がある。セールスマンの労働とは、生産過程で労働する賃労働者と違って、作業が経営作業場の外にあるため、企業の指揮監督が不充分であること、同じ理由から時間的に監督が不充分であるという問題が生じる。

第2に、セールスマンの販売方法、販売技術の問題がある。それは、生産技術を中心とする労働者と違って、機械に依存することなく、極めて自由で複雑であるという特徴を持つ。通常、生産過程では機械化が進むと肉体労働者の労働は次第に単純化してくる。しかし、流通過程では市場競争の激化の中で販売の労働は次第に複雑化してくるのである。そのため、販売賃労働者独自の売り込むための技術教育と訓練が必要になってくる。

また、かつての独立型セールスマンは、相手を押し負かしたり（outtalk）、こわい顔をして脅しつけたり（blowbeat）、値段を「負けろ」、「負からぬ」と言い争ったり（haggling overprice）して、顧客の信頼を失っていた。近代的セールスマンには、このような不信感を取り除き、合理的な販売技術を確立することが問題となってきたのである。さらに10年毎に周期的に襲ってくる不況は、かつての高圧販売（pressure selling）に打撃と反省を与えた。不況を契機とする市場問題の激化は、販売会話、販売方法、販売補助用具を中心とするセールスマン教育の必要を意識させていったのである。

第3に、販売員の勤労意欲と定着率の問題がある。独立型セールスマンは「口八丁の才能」さえあれば、経験も資本も必要としなかったので、富とチャンスに憧れた農民は好んでペドラーになった。そして利己心に基づいて勤勉に、時には危険を冒してまで働いた。しかし、近代的従属型セールスマンにはこのような勤労意欲は失われがちになった。販売員が売上高をあげると、かつては全て自分の収入になったが、専門セールスマン[28]になると多くは歩合給なので、全てが自分の収入になるわけではなかった。一時的に、

大きな売上げをあげても、長期的に高水準の販売成績を維持することは難しかった。したがって、大抵のセールスマンは簡単に脱落して、他の職業へと転職していった。セールスマンの定着は当時から極めて低かったのである。このような企業にとってのセールスマン不足が、次第にセールスマンの募集や選考の問題を提起していったのである [29]。

　1910 年代前半までは、セールスマンシップと販売管理が同一著作において並行的に論じられていた時期でもあった。換言すれば、セールスマンシップ論の胎内において販売管理論が胎生されてきた時代であった [30]。販売管理論成立において代表的なものが1913 年、ホイト（C. W. Hoyt）によるセールスマネジャー（sales manager）[31] の任務をはじめとした管理者論の展開である。ホイトの特徴は、テイラー（Frederick W. Taylor）の科学的管理法を販売管理論に適用しようと試みたことである。ホイトはセールスマンの動作（販売会話）の標準化と機能主義の導入を行うと共に、セールスマネジャーのセールスマンと会社の接点としての任務を明確にした。セールスマネジャーは会議の開催、コンテストによるセールスマンの格付け、及びセールスマンの採用、選考、監督を行うべきであると考えた [32]。

　この 1910 年代からの科学的管理法導入期の研究の特徴は何であったか。ショー（A. W. Shaw）の意図した目的は、流通活動における「無駄の排除」であり、それによる能率向上であった。ホイトは科学的管理法（scientific sales management）を使うことによって、全ての製造業者の適切な販売費（cost-to-sell）比率の低下と、仕事量の増大を目的としていた [33]。ウォーカー（A. W. Walker）も、能率向上の目的はセールスマン 1 人あたりの販売コスト（cost of selling）の減少と、売上高の向上であると論じている [34]。

　販売管理論における管理主体は、セールスマネジャーであり、当初はセールスについての相談役またはセールス・カウンセラー（sales counselor）の性格が強かったが、市場競争が激化すると販売技術の問題が真剣に議論されるようになってきた [35]。1920 年代には、ヘス（Herbert W. Hess）[36] やラッセル（F. A. Russell）[37] によってセールスマンの募集、選考、訓練、統制、販売割当、販売会話のテクニックなどの技法が活発に議論されている。また販売活

動が広範なマーケティング活動の構成部門として認識されるようになったことで、販売管理もまた広範な繋がりを得た点は注目すべきである。

　フレデリック（J. George Frederick）は、従来のセールスマン管理の主要問題のみならず、販売管理論の問題領域を拡大し、企業的マーケティング論[38]の重要な論点を提示したのである。フレデリックは、セールスマネジャーを全体的なマーケティング活動との関連において、そのトップの地位にあるものとして捉え、市場に対する製品計画、製品の差別化（標準化と多角化）、マーケティング方針（生産と販売の同調）、価格決定、テスト・マーケティングの必要性など、後のマーケティング・マネジメントについての先駆者ともいえる理論を提示した[39]。

　このように販売管理は、次第に概念の外延が拡大してくる。その拡大過程において登場してくる概念が「セールス・アドミニストレーション（sales administration）」である。セールス・アドミニストレーションとは、「セールスフォースの仕事を直接的に取り扱う活動だけでなく、製品計画、市場調査、流通方法の計画、販売促進、広告及び販売統制のようなアドミニストレティブな活動を直接に取扱う活動を含む」[40]ものとされた。したがって、セールスマネジャーの役割は、従来の「販売員、販売部門または販売の管理」という狭義の販売管理から、最高経営者と共に製品の種類・品質、促進と商標管理、価格設定、マーケティング経路及びマーケティング・ミックスの一般的調整に関する政策の体系化に参加した概念へと次第に拡大し、計画、統制というマネジメント・サイクルの側面が重視されるようになった[41]。

2.2　販売管理論の意義と課題

　販売管理の概念は、20世紀に発展したものであり、セールスマンシップの概念拡大に続き、またそれに並行するものであった。中でも顕著なのがセールスマネジャーの責任であり、マーケティング知識の増加によって販売管理は単なるセールス管理以上のものを含むものと認識されるようになった。

　当初セールスマネジャーは、職長あるいは現場監督の地位に類するものと考えられていた。しかし、次第に販売促進の指揮者、さらには流通マネ

ジャーとして捉えられるようになった。そして最終的には、最高経営管理者の 1 人として認識されるまでになった[42]。

　こうしたセールスマネジャーに対する認識の変化に伴い、その責任もまた「人的販売だけではなく、広告と全体的な販売促進的業務の発展に対する責任」へ、さらに「販売促進だけでなく、経路・価格・市場政策などの決定に対する責任」へ、最終的に「全体的な企業運営における流通機能と諸機能の調整。主要な機能諸部門のために市場動向を発信する責任」へと拡大していった。

　企業の販売管理活動とは、買い手市場、需要と供給の多様化、市場不透明性及び寡占的供給構造という特質をもつ現代市場のなかで、企業に充分な利潤を保証するような販売を容易にするための活動であった。20 世紀初頭以来、企業の生産能力が急速に増大したのに対し、需要は生産力の増大ほど拡大せず、供給過剰という事態に直面し、企業はやむを得ず販売力の増強を余儀なくされた。販売管理活動の展開は、企業の利潤獲得という動機に基づいて行われ、生産と消費の懸隔に架橋するという機能の強調は、そのような企業行動の社会経済的な反映であったといえる。よって販売管理論はこうした企業の販売管理活動を科学的に研究しようとするものであり、利潤を追求する企業（売り手）の立場に立った経営的研究であったといえる[43]。

3．コトラーによるセールスフォース・マネジメントの体系

3.1　マーケティング・コンセプトの発展

　1936 年に販売中心のマーケティングから消費者の視点と製品開発を中心としたマーケティングへと変化する必要性を提唱したのは、ベン・ナッシュ（Ben Nash）であった。彼は、販売開始の前に消費者のより良い生活に適合する製品を開発する必要があると述べ、この見方を新しい視点であるとし今後の方向を予見した。そして、広告やマーケティング担当者は、販売計画に先立って、より一層、製品開発を考慮すべきであると述べている。しかし、このマーケティングの新しい視点は、第 2 次世界大戦後になってようやく注

目されてくるのである[41]。

　1940 ～ 1950 年頃には、販売を中心とした初期マーケティング・アプローチに対する反省や第 2 次世界大戦後の市場環境の変化などから、1950 年代になると個別企業的・経営管理者的な視点の新しいマーケティングが求められるようになった。即ちマクロ視点ではない、ミクロ視点のマーケティングであり、販売や流通のマーケティングではなく、製品計画や顧客市場を含むマーケティングである。これは明らかにマーケティングが、生産が終わった時点から始まるのではなく、生産が開始される前に始まっている。かつてのマーケティングは生産されたものを販売するものであったのが、生産が開始する前に始まり、生産過程を指示し販売活動を統合するマーケティングとなった。これによって販売がマーケティングの一領域として扱われるようになり、またマーケティングは顧客志向、市場調査、製品等の新しい要素を新しい視点から組み込んだだけではなく企業経営に関わる他の機能領域（生産、財務等）と統合され、企業全体を導くものとなっていったのである[45]。

　また 1950 年代に入ると、米国企業において、企業経営の理念としてマーケティング・コンセプト（the marketing concept）が登場し、多数の企業に定着するようになった[46]。1952 年に G. E. 社長のコーディナー（Ralph J. Cordiner）が年次報告においてマーケティング・コンセプトの重要性について述べたことが多くの企業へ影響を与えることとなった[47]。そのなかでマーケティング・サービス部門は、生産サイクルの終わりよりも、むしろ最初におくべきと指摘し、マーケティングは研究、調査を通じて、技術者、デザイナー、生産部門の人に対して、消費者は製品に対して何を望み、どの価格であるならば喜んで支払うのか、製品は、いつ、どこで求められるのかを決める。またマーケティングは製品の流通とサービスと同様、製品計画、生産計画、在庫統制に関しても権威を持つものとして提言されている[48]。

　ケイスは、これを「マーケティング革命」と呼び、従来の生産されたものを販売するマーケティングから、生産が開始する前に始まり、生産過程を指示し販売活動を統合するマーケティングとなったと論じている[49]。コトラーによれば、マーケティング・コンセプトによってビジネスは製品志向の「市

場に出して売る」方針から、顧客志向の「感じ取って応じる」方針に移行したと論じている。自社の製品に相応しい顧客を見付けるのではなく、自社の顧客に相応しい製品を見付けるのが仕事であるという。マーケティング・コンセプトとは、選択した標的市場に対して競合他社よりも効果的に顧客価値を生み出し、供給し、コミュニケーションを図ることが企業目標を達成するための鍵となる考え方であると定義した[50]。

　このようにマーケティング・コンセプトの登場によって、豊かさを背景としながら顧客ニーズを適切に捉え、それに対して適切なマーケティング・ミックスを行う統合型マーケティングが主流となった。2000 年代に入るとマーケティングは情報化を背景としてより広い概念として捉えられるようになり、組織を取り巻く様々な市場環境要因に対して企業は非常に高い関心をもつようになった。企業や顧客、事業パートナーが相互に作用し合い、ダイナミックで包括的な概念へと発展した。価値の創造を目的とし主要な利害関係者（ステークホルダー）間で長期的で Win-Win の関係構築を目指す「ホリスティック・マーケティング・コンセプト」が登場した。ホリスティック・マーケティングは、リレーションシップ・マーケティング、統合型マーケティング、インターナル・マーケティング、社会的責任マーケティングという 4 つの要素から構成され、企業はそれぞれの幅と総合依存性を認識した上で、マーケティングのプログラム、プロセス、活動を開発、設計し実行することを目的としている[51]。

3.2　統合型マーケティング・コミュニケーションと人的販売の位置づけ

　統合型マーケティング戦略の一環として、マーケティング・コミュニケーションの領域で統合型マーケティング・コミュニケーション（IMC）という考え方が1990 年代から米国で広がった。IMC は、広告だけではなく、販売促進、DM、インターネット等のメディア戦略、さらに店舗や販売スタッフ等を含め、統合した価値観やメッセージを伝えてブランド・エクイティを構築してゆく。

　表 1−1 は、統合型マーケティングで重要な要素となる 4 つの P と 4 つの

表1-1　4つのPと4つのC

4つのP	4つのC
製品（Product）	顧客ソリューション（Customer Solution）
価格（Price）	顧客コスト（Customer Cost）
流通（Place）	利便性（Convenience）
プロモーション（Promotion）	コミュニケーション（Communication）

（出所）Kotler, Keller［2012］p.20。

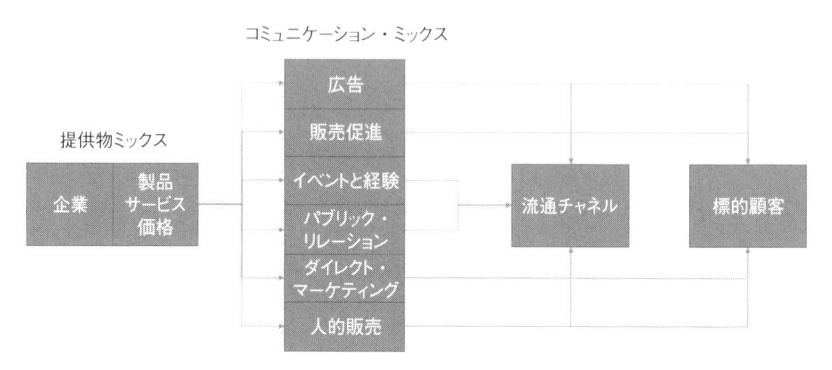

図1-1　コミュニケーション・ミックス

（出所）Kotler, Keller［2012］p.19。

Cについて示している。コトラー、ケラーによれば、マッカーシーがマーケティング・ツールを売り手側からみた製品（product）、価格（price）、流通（place）、プロモーション（promotion）の4つのPに分類したのに対し、ロバート・ラウターボーンは買い手の側に立った顧客ベネフィットの4つのCに対応すると示唆している[52]。この内、人的販売はプロモーション（promotion）の中のコミュニケーション・ミックスの1つとして位置づけられ、広告、販売促進、イベントと経験、パブリック・リレーション、ダイレクト・マーケティングと同等なものとして人的販売が存在している（図1-1参照）。企業はこれらの様々なコミュニケーション・ミックスを活用し流通チャネルや標的顧客に到達する。マーケティング・コミュニケーションの役割とは、企業が自社の販売する製品やブランドについて消費者に（直接ない

し間接的に）情報を発信し、説得し、想起させようとする手段であり、人的販売については見込み客との接触であり、プレゼンテーション、質問への返答、注文獲得を目的としており、主なコミュニケーション手段としては、実演販売、即売会、インセンティブ・プログラム、サンプル、見本市、トレードショーとなる[53]。また、マーケティングでは販売員（セールスレップ）を仕事内容に応じて6つ（デリバリー、オーダーテイカー、ミッショナリー、専門家、需要喚起者、問題解決者）に分類している。

3.3 セールスフォースの組織設計と管理

3.3.1 セールスフォースの組織設計

マーケティング論における人的販売に関する議論は、主に「セールスフォースの組織設計」及び「セールスフォースの管理」が中心的問題とされている。まずセールスフォースの組織設計についてであるが、図1-2のように「セールスフォースの目的」を定めることから始められる[54]。

図1-2は、セールスフォースの組織設計におけるプロセスを示している。セールスフォースの戦略と組織では、製品単位の販売部門にするか、それともターゲットとするエリア別、業種別、規模別の販売部門にするか等様々なタイプの中から戦略に沿ったかたちの部門を設定し、目標とすべき顧客数が決まったらワークロード・アプローチ（顧客規模、訪問頻度、販売員数等の決定）を用いてセールスフォースの規模を設定する[55]。セールスフォースの報酬については、コトラーは優秀な販売員を引き付けるには、企業が魅力的な報酬体系を備えなくてはならないと論じている。決定すべきは「固定額」、「変動額」、「経費」、「給与外手当」の4要素である。完全給与制は販売

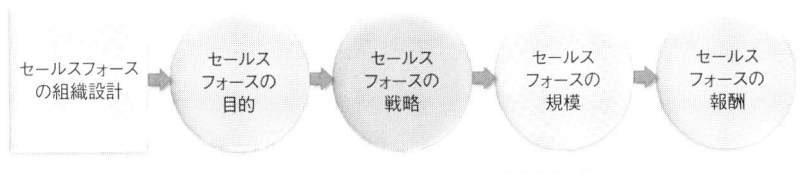

図1-2 セールスフォースの組織設計

（出所）Kotler, Keller［2012］p.616。

員に安定した収入をもたらす。販売員は販売活動以外の業務にも積極的となり、無理な顧客開拓はしなくなる。企業側からすれば管理が簡略化され、退職者も減少する。一方完全コミッション制は優秀な販売員を引き付け、士気を高め、監督の必要性も少ない上、販売コストをコントロールすることができる。完全コミッション制のマイナス面は、リレーションシップ構築よりも売上げ獲得に比重を置かれがちになることである[56]。

3.3.2　セールスフォースの管理

　セールスフォースの管理では、販売員の募集と選定、トレーニング、監督、動機づけ、評価について議論されている。図1-3ではセールスフォースの管理のプロセスを示している。優秀な販売員の特性に関する研究では、これまで様々な研究がなされてきたが、売上実績と経歴、経験の変数、現在の状況、ライフスタイル、態度、性格、スキルとの間にほとんど関連性がみられなかった。なかでも効果が高かったのが複合テストによるものと、これから働くことになる環境をシミュレーションした状況のなかで候補者を評価するアセスメント・センターであった[57]。

　トレーニングでは、従来の講義形式からeラーニングに切り替えるなどして効率化とコスト削減を実現している[58]。また生産性については、如何に効率化を図るかが大きな焦点とされ、見込み客訪問の基準や販売時間の効率的な利用について議論されている。なかでもパソコンなどの情報通信技術の発達により販売員は市場や顧客に関する多くの情報を獲得できるようになっただけではなく、インターネット販売の普及により顧客とのリレーションシップや販売にかかる人的リソースの削減や時間の有効活用が可能になっ

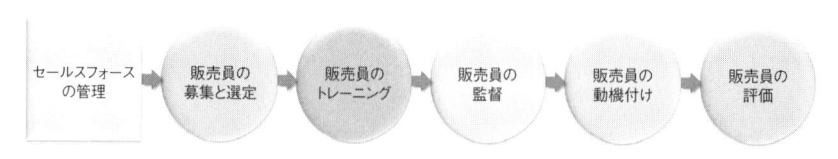

図1-3　セールスフォースの管理

（出所）Kotler, Keller［2012］p.620。

た[59]。動機づけで有効なのは報酬の増大と昇進の機会、そして人間的成長への欲求が満たされることであり、逆に他人からの賛辞や安定性にはあまり効果がないとされている。また割当によって販売員が商談の獲得ばかりに走り、顧客へのサービスを疎かにする結果を生むというマイナス面がある。短期的には成果があがっても長い目で見ると顧客満足が犠牲になる[60]。

　販売員の評価で最も重要な情報源は販売報告である。他には個人的な観察、販売員自身による報告、顧客からの手紙や苦情、顧客調査、他の販売員との会話などからも情報が得られる。販売報告は将来的な「活動計画」と「完了した活動の記録」とに分けられる。活動計画の良い例は、販売員が1週間から1カ月前に提出する作業計画、また年間の地域マーケティング計画を立案させ、そのなかで新規顧客の開拓計画や既存顧客からの売上拡大計画の概要を書かせるなどする場合もある。こうした報告書からセールスマネジャーは、販売成果を評価するための重要な指標を抽出し、現在と過去の業績の比較を行うのである。また評価は、売上げだけではなく顧客からの評価であったり、自社、製品、顧客、競合他社、地域、職務などに関する販売員の知識や、一般マナー、身なり、話し方、性格といった個人的特性も評価対象となる[61]。

3.4　セールスフォース・マネジメントの意義と課題

　マーケティングの登場によってセールスフォース・マネジメントの議論は、従来の販売員管理を中心とした議論から企業全体におけるセールスフォースの戦略や組織のあり方にまで拡張し議論されるようになった。また、従来販売管理論で展開されてきた個々の販売員をどう管理してゆくのかという問題は、より経営的な問題として企業の販売戦略をどう考え、そのために広告や販売促進、人的販売などの様々なリソースを如何に効率よく配分し投入するかということが中心的問題となっていった。

　従来の販売管理論では、既にでき上がったものをどれだけ多く売るかが重視されてきたため、それが如何に顧客の役に立つのか、顧客満足にどのように貢献するのかといった志向は薄く、販売活動は企業活動と分離独立した存

在とされてきた。しかしマーケティングの登場によって企業活動が「売り手志向」から「買い手志向」に転換したことにより顧客ニーズを起点とした活動のなかで「価値の伝達役」として明確な役割を持つこととなった。

米国のセールスフォース・マネジメントは、自らの領域を販売部門の管理に規定し、如何に効率よく「商品を売る」かに専心してしまった。レビットは、こうした点を捉えてセリングは単に「商品を売る」という機能であり、顧客創造という視点を欠いていることを厳しく批判した[62]。

だが、現実には販売部門及びそこにおける販売員は「商品を売る」のみではなく、それに付随して顧客との相互コミュニケーションや組織内の部門間連携、組織間連携において重要な役割を果たしている。ここにおいて、セールスフォース・マネジメントは本来、顧客との関係性やビジネス全体を広い視点から捉え、顧客を起点とした活動や専門職としての営業のあり方を論じるべきところを怠っていたという点で、課題を抱えていたといえる。

また1920年以降、広告の出現によって「人的販売」の時代から「機構的販売」の時代への移行が加速したことにより、従来の人的販売のみを研究対象とした販売管理論は、人的販売以外の広告をはじめとした狭義の販売促進、さらにはチャネル、製品をも含めたマーケティング政策へと重点を移し、後にセールスマンシップの衰退を招いた[63]。

4．生産財マーケティングと関係性マーケティングの展開

4.1　生産財マーケティングと組織購買行動論

1970年代以前の生産財マーケティングは、主に消費財マーケティングを基にしながら、生産財に特有な視点、例えば提供する財の特性や、マーケティング活動の対象となる顧客の組織購買行動を考慮して消費財マーケティングを修正するというアプローチが主流であった[64]。

生産財とは、企業を含む組織購買者が、製造あるいは再販売という用途のために用いる財を指す。表1-2では、主な生産財の分類について示している。このうち製品を再販売することを目的として流通業者が扱う財を除き、

表 1 - 2　生産財の分類

分類	定義	例	特性
①原材料	天然に近い状態で販売される製品	石炭、木材、鉱物類	地方のメーカー、運搬コストが高い大型製品
②加工した材料	最初の作業、工程を経た製品	プラスチック、ガラス、科学を基礎とした製品	日用品。他の製品と一緒になることでアイデンティティをなくすもの
③サポート製品	製品開発プロセスで使われる製品や、日常のビジネスを遂行する上で使用される製品	潤滑油、文房具、溶接具	棚に備えておく製品、常備しておき、容易に交換できることが重要
④部品(ユニット)	最終製品にすぐ組み立てられる製品	ポンプ、電気モーター、ディーゼル・モーター、小型半導体	これ以上の作業を要しないような機能を備えている
⑤設備 (機械等)	生産、ビジネスの実行者を支援する製品、事業展開に必要な製品	機械設備、航空機、コンピューター	高コストの製品、会計上、資産となるもの、機能や規則が必要となる
⑥情報システム	プロセスの実行者を支援する製品、事業展開に必要な製品	生産情報システム、経理コンピュータ、マーケティング情報システム	プロセス機能を持ち、販売上、高いリスクを持つが、利益も多くもたらす
⑦サービス	一連のビジネス・プロセス、あるいは製品の購買を終えた後に提供されるサービス	宣伝、法律的なサービス、マーケット・リサーチ、運搬、アウトソーシング	無形の製品であり、顧客に製品価値を理解させることが重要となる

（出所）チェザレ［2000］p.113。

　主として企業の生産活動のために用いられる財を生産財と呼ぶ。生産財については、企業が直接生産活動に用いる財、例えば資材や部品、生産活動自体を構成する財、機械類などの資本財、さらに生産活動を維持するのに用いられる財、つまり業務用品に分けることができる。本研究では全ての産業財を生産財と総称し、特定の用途に沿って購買され、顧客企業の一連の生産活動に組み込まれているものを指す[65]。

　その生産財取引の特徴は、顧客の事業によって組織購買行動が異なってくる点にあり、主に「合目的性」、「継続性」、「相互依存性」、「組織性」の 4 つが挙げられる[66]。「合目的性」とは企業や組織の生産目的や業務目的のために購買されるため、特定の目的に規定される特徴がある。また「継続性」とは買い手の探索コストの削減であり、長期的な視点で投資を安心して行え

るなどの経済メリットから、過去に取引経験のある企業が取引相手として選ばれ易いという特徴がある。また「相互依存性」とは製品の開発、生産、サービス活動などが、売り手企業の単独の意思決定によって決まるのではなく、顧客企業がこうした活動の意思決定に関与するという特徴をもつ。「組織性」とは購買局面と販売局面の2つの組織性がある。購買局面では、生産財の購買が個人の意思決定ではなく、組織における共同意思決定として行われ、販売局面では、営業担当者のみが販売活動を行うのではなく、開発部門や生産部門、顧客サービス部門などの担当者が協力して、組織的に顧客企業にアプローチするという特徴をもつ[67]。

　また生産財取引と消費財取引との違いは基本的なプロセスにある。消費財取引では、売り手が不特定多数の消費者市場を分析し、製品開発を行い、価格・流通チャネルの設定、広告や販促活動を行う。これらの各ステップは、通常、異なる職能部門や職能担当者が別々の時期に行っており、しかも相互に情報共有の重要性は認識されていても、それぞれが専門的に作業を進めることが優先される。これに対して、生産財取引では顧客の需要分析、製品開発、販売・販促活動という一連のプロセスがあり、それを中心として遂行する担当部門はあるものの、それらが異なる担当者による別々の時期に行われるプロセスにはなりにくい。例えば、営業担当者と開発担当者とが顧客企業において、販売するカスタマイズ品の仕様について打ち合わせを行う場合、それは製品開発のプロセスを行っていることになるが、そのときの顧客企業との情報のやり取りは、顧客の需要情報を収集し、分析していると同時に、顧客に販売するための営業活動にもなっているのである。こうした様々なプロセスを包摂して、しかも、それを複数の職能部門担当者が協力して行うところに生産財取引の特徴がある[68]。

　近年では、生産財取引においてサービスが差別化の鍵として注目されている。図1-4は生産財取引における発展パターンを示している。市場が飽和状態になるにつれて顧客ニーズの焦点は製品に付帯するサービス、つまり販売後の定期点検や修理などのアフター・サービスや、技術指導や情報提供などを中心としたコンサルティング・サービス、次の更新販売に繋がるプレ・

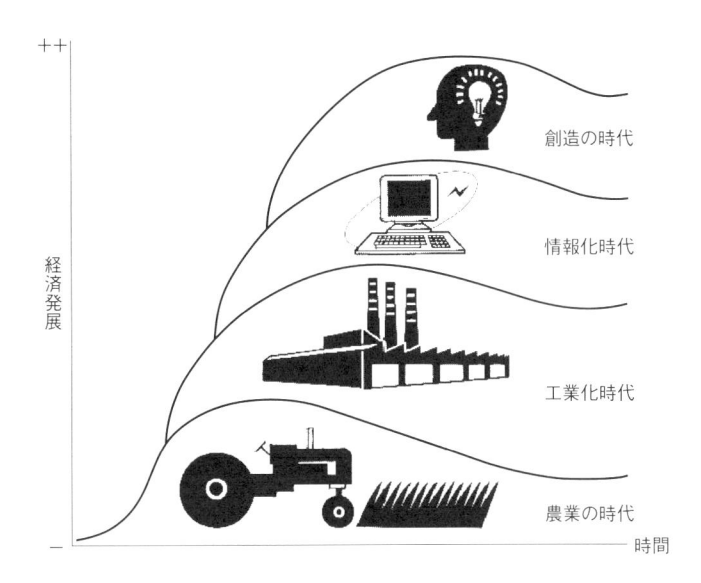

図1-4　生産財取引における発展パターン

（出所）チェザレ［2000］p.113。

サービスまで、顧客満足度を維持し、高めることを目的としたカスタマー・サービスに対する関心が急速な勢いで高まっている。よって、企業活動は単に技術や製品を提供することから、その先にあるサービスやソフトを提供することに広がっている。なかでもコモディティ化など製品の差別化が難しい業界であればあるほど、サービスを如何に差別化するかが勝敗を分けるようになるのである[69]。

4.2　関係性マーケティングと相互作用モデル

　生産財マーケティングの文脈で関係性マーケティングの概念が説明されたのは1985年にJacksonが最初であると言われている[70]。関係性マーケティングは、売り手と買い手との関係性だけでなく、取引を開始し維持するために主要な関係者（顧客、供給業者、流通業者、その他のマーケティング・パートナー）と相互に満足のいく長期的な関係を築くことを目的とし、マーケティング・ネットワークという企業独自の資産を構築することを目指している。

マーケティング・ネットワークは企業とそれを支えるステークホルダー（顧客、従業員、供給業者、流通業者、小売業者、広告企業、大学の研究者、その他）で構成されている。企業は、ステークホルダーとの間に相互に利益のあるビジネス関係を築くと同時に、より優れたネットワークを築きあげた企業が勝者となることができるのである [71]。

　企業間関係や顧客との関係性に関する研究では、Arndt（1979）から始まり Anderson および Weitz（1989）、Heide および John（1990）、Morgan および Hunt（1994）、IMP（Industrial Marketing and Purchasing）グループ、日本では嶋口（1994、1997）、関根（1996）、和田（1998）、余田（2000）、久保田（2003）等によって研究されてきた [72]。

　関係性マーケティングの基本的な特徴は、企業間の「長期的視点」と「機能横断的視点」の２つがある。長期的視点とは、顧客との取引関係が長期的に維持されている状態を重視するものであり、長期的な関係のものでは、売り手と買い手は、それまでの取引の経験や実績を考慮すると共に、将来の取引への期待や予測を考慮して、現在の取引関係についての意思決定をすることになる。もう１つが企業の様々な部門が色々なかたちで結びつく機能横断的な結合という局面である。これは、単一の製品取引を越えて企業間の継続的な関係のなかで複数の製品が継起的、あるいは同時に取引されたり、製品だけでなくアフター・サービスなどのサービスの取引が付随するという状況も考えられる [73]。

　なかでも売り手と買い手との２者関係を含む市場を１つのネットワークとして捉えようとするネットワーク・アプローチ [74] においては IMP グループの果たした貢献が顕著である [75]。IMP の相互作用モデルは、企業間の取引における相互作用をエピソード（episodes）と関係（relationship）の２次元で捉えている。エピソードとは個別の製品の販売・購買で完結する交換関係であり、それは①製品・サービスの交換、②情報交換、③貨幣交換、④社会的交換の４つの要素から成る。関係とは、エピソードの反復によって形成され、交換のない場合でも長期的に維持される相互作用様式であり、その性格は関係の精度か、接触様式、適応化の３変数で捉えられる。このようにエピ

ソードに含まれる4要素の継続的で包括的な取引関係が交換の反復を通じて関係の性格が形成されるが、この形成過程には売り手、買い手の双方の性格や環境などの要因が影響してくる[76]。

　また、高嶋はフォードらによる生産財市場におけるマーケティング行動による情報収集パターンについて、限られた資源という制約のなかで、全ての関係性を強化することはできず、関係構築に向けた資源配分の最適なデザインの問題が残されていると指摘している。関係性マーケティングは、顧客との長期的な対話をベースとするために、顧客のニーズに対応した企業行動を想定としたマーケティング論といえる。よって特定顧客との相互作用が存在することが最初から想定されており、需要情報は顧客から直接的に、しかも頻繁に収集されることになる。その場合、事前に市場情報を収集・分析・推測した上で計画を立てて実施するプロセスではなく、営業担当者が中心となって顧客との対話を通じ行動を逐次的に修正するプロセスが展開されることとなる。しかし関係性マーケティングでは、個々の関係性ではなく、多数の顧客との関係性を全体として評価したり、多数の関係性による競争力を比較したりする枠組みについて構築されていないと指摘している[77]。

おわりに

　これまで米国における人的販売論、販売管理論、マーケティング論によるセールスフォース・マネジメントへの発展の流れをみてきた。人的販売論では、販売員が如何に顧客に商品を売るための話術や販売テクニック等が研究され、従来生まれつきの才能としてみられてきた販売員のスキルを育成可能なものとした。販売員の知識やノウハウに注目した認知的アプローチの導入によって販売員の訪問回数など従来の量を追求したアプローチから販売のやり方に注目したスマートな販売方法が研究された[78]。

　今日において、特に小売業における販売員研修や実際の管理の多くは、こうした人的販売論や販売管理論を基礎としたものといえるだろう。初歩的レベルの販売員の教育や訓練、その管理方法として販売管理論の果たした役割

は確実なものであったといえる。管理の主体的方向づけがなされたことにより販売という職業に対して社会的意義を明確にした功績も大きい[79]。

　販売管理論では、増大したセールスマンを如何に管理すべきかが問題の焦点となった。販売管理は、販売技術の向上を促すための販売部門の管理であり、販売員の募集と選考、あるいは販売割当の配分や販売計画・販売予測・販売作業の効率化を領域として取り込んだ[80]。

　さらにマーケティング研究が進むにつれ、顧客とのコミュニケーション手段の１つとして「人的販売」が位置づけられセールスフォース・マネジメントとして体系化されていった。目の前に商品があり販売員がマニュアルに沿って商品の価値を顧客に伝達することが重視された。これによって転職が頻繁である米国社会において、企業が販売員の早期育成を重要な課題とするなかで、販売管理論は販売業務の効率化や合理性の追求に大きく貢献した。

　しかし、広告の発展や製品開発中心のマーケティング研究によって次第にセールスマンシップが衰退すると共に販売管理に関する議論が主流となっていった。そして、販売管理論はマーケティングに関するシステム全体の統合的管理論としてではなく、マーケティング・マネジメント（マネジリアル・マーケティング論）の下位理論として販売部門の管理にその役割を限定されていった[81]。

　コーエンによれば、後にコトラーは「マーケティングは単に広告と営業を扱う一つの機能だという考えを受け入れることができなかった。またマーケティングが４つのＰつまり『product（製品・サービス）』、『price（価格）』、『place（流通）』、『promotion（販売促進）』だけを扱うという考えも受け入れられなかった。これらは皆、戦術的に重要な仕事だが、それはマーケティングの全てではない」[82]、「全体像が何かといえば、マーケティングは『総体的』にみなければならないということだ。成功を収めた企業はマーケティングをそうみている。これらの企業ではマーケティングが原動力になっている。価値を創出し、伝え、提供することを通じ、顧客を獲得し、維持し、増やしていくことこそが何よりも重要なミッションだ」[83]と論じている。

　マーケティング論で展開されたセールスフォース・マネジメントは、自ら

の領域を「販売」のみに限定したため、その前後の販売員が顧客を開拓し、繋ぎ、増やしていくといったプロセスに充分な研究上の関心を向けなかったという課題を抱えていた[84]。言い換えれば、各管理プロセスを定量化、標準化する範囲をセリングとしての販売という領域から拡張することができなかったということである。

　また優秀な販売員の行動を全ての販売員に適応できるかどうかについても疑問が残る。つまり販売プロセスは常に顧客の購買意思決定プロセスと背中合わせであり、顧客が何に最も大きな影響を受けたかに規定され、その多くが組織的に形式化されないまま放置されてきたのである。橋本はこの点に関して「誰にでもできる仕事」として販売という労働が単純労働化したことによって、販売労働者の労働価値が低下したと指摘している[85]。

　後に B to B を対象とした日本の営業研究に大きな影響を与えたのが生産財マーケティングや関係性マーケティングであった。これまで消費財取引を中心に展開されてきた議論から B to B による生産財取引が注目されたことで、事業者間による経済合理性の追求といった購買特性等が明らかにされた。その後、生産財取引において顧客との関係性が大きな影響を与えていることから、組織による関係性マーケティングが発展し、顧客との長期的で良好な組織間関係を如何に維持形成してゆくかが大きな関心事となっていった。

1)　Maxwell［1913］p.210。
2)　粟島［2004］p.8。
3)　橋本［1975］p.138。
4)　橋本［1983］p.151。橋本は、セールスマンシップとはセールスマンとして要求される知識、技術、精神的態度のことであると規定している。また「人々を説得する能力（ability）」であるという説や、また「人々に影響を与える力能（power）または能力」、「販売員の技法（art）」、「消費者の満足を増大する技術」等の説がある。
5)　橋本［1975］pp.140‑141。
6)　Douglas［1919］p.4。ダグラス（A. W. Douglas）は全米商業会議所統計委員会長を務めた実務家である。
7)　橋本［1975］p.141。
8)　橋本［1983］p.84。

44

9) Hoyt［1913］p.3。

10) 橋本［1983］p.150。

11) Bartles［1976］pp.72 - 73。

12) 販売会話の標準化については、1893年パターソン（John H. Patterson）がナショナル金銭登録機会社（The National Cash Resister Co.）の経営で展開したことが挙げられる。詳細については以下参照。Crowther［1923］。

13) 橋本［1983］pp.84 - 92。

14) セールスマンの販売作業は、「セールスマンシップ」として把握され、販売管理論の発展より少し早く、あるいは販売管理論と並行して発展してきた。しかし、橋本によると販売作業は工場の生産現場における生産作業とはかなり違った性格を持っているため、動作研究や時間研究のような科学的管理法の適用が充分に効果を発揮したか否かについて問題が残ると指摘している。

15) スクリプトとは、特定の状況でどのような行動が相応しいか、特定の行動をどのような順番で行えばよいか、といったことに関する知識である。営業においていえば、商談の際に何をどのような順番で行えばよいかということに関する知識といえる。

16) 細井［1995］p.228。

17) 細井によれば、営業のトレーニングの目的は、経験の浅い営業人に比較的短時間で、より経験を積んだ有能な営業人の技術を教えることにある。しかし、直接的な経験を通じた学習、例えばOJT（On the Job Training）は時間や資源、経験できる販売状況などの点で限定されたものとなりがちである。したがって、直接的な経験による学習に頼っていては、営業人は不完全でバイアスのかかった経験しか積むことができない可能性がある。このような直接経験の限定的な性格を克服しうるという点に、トレーニングの利点があると指摘する。

18) 粟島［2004］p.14。

19) 橋本［1983］p.152。

20) 小原［1991］p.163。ペドラー、ドラマーらの史的展開過程・役割等についてはJohnson［1957］参照。

21) 橋本［1975］p.152。

22) Bartles［1976］pp.80 - 82。

23) 粟島［2004］p.10。

24) 橋本［1983］p.51。

25) 橋本［1975］参照。

26) Show［1915］pp.41 - 63。

27) 橋本［1975］p.227。

28) 専門セールスマンとは、新製品や需要開拓の必要性の高い商品を中心に単なる注文取りとしての価値実現の事務的担当者ではなく、製造業者の価値実現の積極的推進者として存在する。製造業者から手数料または歩合をもらっては、直接消費者への個別訪問販売を行う。専門セールスマンが、製造業者のセールスマンとして登場

したという問題については、Maxwell、Frederick 等多数の学者によっても指摘されている。

29）　橋本［1983］pp.79 – 81。

30）　橋本［1975］p.228。

31）　アメリカ・マーケティング協会（A. M. A.）の定義によるとセールスマネジャーとは、「販売員の諸活動を計画し、指揮し、統制する執行者」である。

32）　ホイトによるテイラーの科学的管理法の適用については、Bartels［1976］p.121、橋本［1975］p.228 等によっても指摘されている。A. W. Shaw をはじめ若干のマーケティング論学者は科学的管理法をマーケティングに適応することを試みた。

33）　Hoyt［1913］p.24。

34）　Walker［1913］p.399。

35）　橋本［1983］p.106。

36）　Hess［1923］参照。

37）　Russell［1922］参照。

38）　橋本［1975］参照。

39）　Frederick［1919］参照。

40）　Johnson［1957］p.30。

41）　Bartles［1976］pp.84 – 86。

42）　Bartles［1976］pp.86 – 88。

43）　坂部［1975］pp.27 – 29。

44）　佐藤［1988］pp.37 – 38。

45）　佐藤［1988］pp.39 – 41。

46）　猿渡［1999］p.22。

47）　King［1965］p.78。

48）　Nickels［1978］p.51。

49）　Keith［1960］pp.35 – 38。

50）　Kotler, Keller［2012］p.16。

51）　Kotler, Keller［2012］pp.16 – 18。

52）　Kotler, Keller［2012］pp.19 – 20。

53）　Kotler, Keller［2012］pp.537 – 538。

54）　Friedman, Furey［1999］p.24。

55）　Kotler, Keller［2012］pp.618 – 619。

56）　Kotler, Keller［2012］pp.619 – 620。

57）　Albers［2002］pp.248 – 266。

58）　Kotler, Keller［2012］pp.620 – 621。

59）　Kotler, Keller［2012］pp.621 – 622。

60）　Kotler, Keller［2012］pp.623 – 624。

61）　Kotler, Keller［2012］pp.624 – 625。

62） Levitt ［1960］ pp.45 - 56。

63） 橋本 ［1983］ p.123。

64） ハット、スペイ、笠原訳 ［2004］ 訳者解説。

65） 南 ［2006］ p.66。

66） 高嶋・南 ［2006］ pp.5 - 9。

67） 高嶋・南 ［2006］ pp.5 - 9。

68） 高嶋・南 ［2006］ pp.10 - 12。

69） チェザレ ［2000］ p.168。

70） Ramkumar, Saravanan ［2007］ 参照。

71） Anderson, Hakansson, Johanson ［1994］ pp.1 - 15。

72） ハット、スペイ、笠原訳 ［2004］ 訳者解説。

73） フォード、IMP グループ ［2001］ 参照。

74） 南 ［2006］ p.68。

75） 南 ［2006］ p.69。

76） 高嶋 ［1988］ pp.142 - 143。

77） 高嶋 ［2006］ pp.30 - 38。

78） 細井 ［1995］ 参照。

79） 粟島 ［2004］ p.14。

80） 坂部 ［1975］ 参照。

81） 橋本 ［1983］ p.73。

82） Cohen ［2012］ pp.4 - 6。

83） Cohen ［2012］ pp.4 - 6。

84） 坂部 ［1975］ 参照。

85） 橋本 ［1987］ p.112。

第2章

日本における営業研究の系譜

　本章では、米国のマーケティング研究による個人消費者や小売店舗を対象としたセールスフォース・マネジメントの考察を踏まえ、日本の企業を対象としたチャネル研究者らによる営業研究の展開について概観することで、米国のセールスフォース・マネジメントとは異なる日本の営業研究の特徴を明らかにする[1]。その中で従来の個人型営業から顧客との組織間関係を重視した組織型営業への変遷を辿るために、日本の営業研究を包括する高嶋の『営業プロセス・イノベーション』の意義と課題を考察する。そこで示された課題を如何に克服するかということを起点として次章以降を展開する。そのため、本章において日本の営業研究の特徴、意義、課題について考察することは大きな意味をもつ。

1. 営業の基本的概念

　我が国の営業研究の特徴は、流通研究者によって展開されてきた点にある。1990年代のバブル崩壊を契機として、日本経済の停滞した状況の中で企業の困難な状況を変えるという社会的要請にこたえる形で、日本の営業研究は始まった[2]。ここで営業研究に取り組んだ人達は元々、米国のセールスフォース・マネジメントを専門的に研究していた研究者ではなかった。彼らがそれまで研究してきたのは主として流通システム研究、マーケティング・チャネル研究であった。つまり、主に流通あるいは製販における組織間関係を主に研究領域としていた人達によって、営業研究が進められていったのである[3]。

　彼らは営業研究を進める際に "営業" という概念がパーソナル・セリング

や販売管理とは異なるものであることを明確に提示している。例えば、石井は「わが国の営業世界は、私たちが学んできたアメリカのテキストブックに描かれたマーケティング世界とはずいぶん異なっている。アメリカ流のマーケティング世界では、営業はパーソナル・セリング（直訳的だが、人的販売と訳されることが多い）という分野に該当するのだろうか」[4]との問いを投げかけ、最終的に「単なるセリングとは違うこの内容豊かな日本の営業世界」[5]と述べた。また、高嶋は「たいていのマーケティングの教科書に『営業』を説明する章さえもない。どの教科書でもパーソナル・セリングや販売管理についての記述はあるが、そこには企業が抱える営業問題についての解答は、まず見当らない」[6]と述べた。このように彼らは日本の"営業"を従来米国で展開されてきた人的販売論、販売管理論、セールスフォース・マネジメントとは異なる特徴を持つものとして考え、展開していこうという考え方を持っていたことを現わしている。

「営業」という概念について、『新明解国語辞典』では「商業活動を行うこと。法律では利益を得るための事業を行うこと」[7]と記されているが、実際に営業担当者が受注を取るための活動を行う意味としては捉えられていない。さらに日本では営業という言葉は、米国企業でいうマーケティング、セールス、顧客サービスにわたる実施活動を包括した意味で使われており、日本企業における事業活動の独自の編成方式を反映している[8]。

営業は販売と極めて近似あるいは同義として使われることが多いが、販売には留まらない意味を含んでいる[9]。「販売」とは社外に向けた商品の売りさばきを目的とした人的活動であるのに対し、「営業」とは売ることを最優先としつつも、社内の関係部署との調整やアフターサービスといった顧客との取引全般の活動を包括している。図2-1では両者の活動範囲の比較について示している。

田村は、「営業活動は、特定顧客を対象とした、人的接触による取引の実施活動」と定義している。つまり、営業活動は不特定多数の顧客から成る市場やその細分でなく、特定の顧客に向かって行われる取引活動であると共に、営業活動はスタッフ的な計画策定活動ではなく、顧客と営業担当者によ

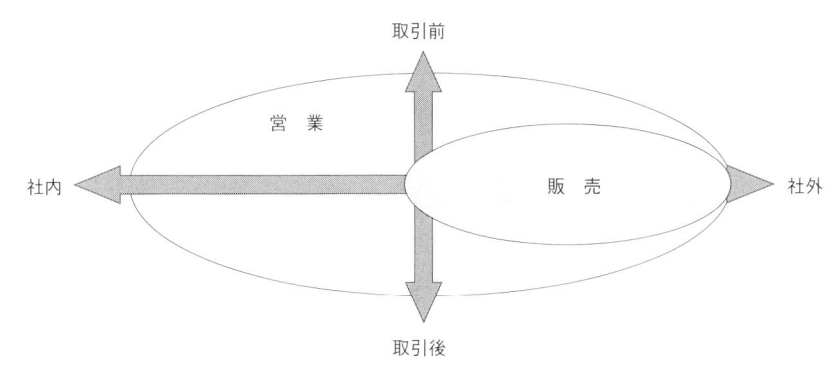

図 2 - 1　「営業」と「販売」の関係

（出所）小林・南［2004］p.129。

る人的接触を通じた実施活動であると論じている[10]。高嶋・南は、「顧客からの情報収集活動や事後的なサービス活動などの前後の過程を含んだ顧客との関係構築・維持に関わる活動」として範囲を拡大して定義している。

　米国の考えでは、マーケティング概念の「販売促進（promotion）」活動として、企業と市場とのコミュニケーションの一手段として扱われ、その役割はただ単に「売りさばく」ことにあった。そこでは、営業担当者を如何に管理し動機づけを行うか、またどのような配置や顧客訪問ルートが効率的、効果的か、うまく販売させるには何を教えるべきか等が課題とされてきた[11]。その根底には、マーケティングがトップ・マネジメントや戦略スタッフがマーケティング計画を策定するという前提で理論化がなされ、営業活動はその計画を忠実に遂行させることだけが関心事とされてきたことが挙げられる[12]。

　顧客との関係構築・維持の活動という点から、高嶋は営業活動を単に営業担当者だけの仕事ではなく、営業担当者と連携し顧客に対応する開発や生産、サービス等の職能部門の担当者を巻き込んだ活動として考えることができると論じている[13]。そして、これら営業の特徴は販売色の強い消費財よりも産業財において顕著となっている。特に重化学工業や建設業をはじめとした技術志向が強く、顧客との共同開発であったり、個々の顧客によってカ

スタマイズが必要となってくるケースである。生産財取引では、顧客とのコミュニケーションのなかから自社の需要を見つけ、顧客と共同で技術開発、製品開発を行う等、個々の顧客のニーズにあった製品やサービスを技術者等と連携しながら生み出していくことが必要となるからである[14]。

　また営業は「顧客の獲得競争」であることを忘れてはならない。単に売り手と買い手の2者間の問題でなく、複数の競合他社との営業競争に勝って初めて受注が可能となることから競合他社を含めた3者間の問題といえる。つまり、買い手は複数の企業から提案や企画などアプローチを受け、そのなかから最も優秀な提案を行った企業を取引先として採用することから、営業担当者は競合他社との差別化を念頭におきながら戦略的な活動を行わなければならない。

2. 90年代以降の営業プロセス改革論に関する研究の深化

2.1　営業環境の変化

　営業プロセス改革論の流れは、営業活動の多様性や曖昧さを少なくし、標準的かつ分析的で、組織レベルでの営業体制に切り替えることとして捉えることができる[15]。その背景には、1980年代から1990年代の国際化と情報化があった。つまり国際化によって、多くの産業でグローバル市場が成立したが、そこは激しい国際競争の波に襲われる場でもある。その一方で、情報技術の飛躍的発展は製造技術とロジスティクスに大きな革命を起こした。SCMに注目が集まり、組織間に跨った生産から消費に至るプロセスの迅速化・効率化が急速に進んでいった。

　こうした変化を背景に、日本ではバブル崩壊によって厳しい市場環境のもと販売問題が浮上した。多くの産業で業界需要が長期的に低迷し、限られたパイを巡る競争は厳しさを増すなかで、企業の営業環境が構造的に大きく変わり始めた[16]。高嶋は、営業改革の要因として具体的な6つの環境変化を挙げている[17]。

①サービス需要の高度化

　　サービスが営業担当者個人が提供するものから組織が提供するものへと変化した。製品のハイテク化や情報機器の市場拡大により製品単品だけでなくシステム化やソフトウェアの情報サービス、保守・点検・修理等のサービス需要が大きくなった。

②製品知識の高度化

　　製品技術や品揃えについて高度な知識や情報処理能力が必要になると営業担当者が自らの知識と経験に基づく販売スキルだけで販売することが難しくなる。技術者やデータベースの助けを借りなければ顧客へ製品提案ができなくなってきた。

③情報技術の発達

　　従来営業担当者が自社の開発担当者や生産担当者と顧客の製品を利用する担当者との間のコミュニケーションを集約媒介してきた役割は、情報通信技術の発達によって担当者どうしで直に情報交換することによって代替されるようになった。

④コスト競争の激化

　　バブル崩壊後、企業のコストダウン要求がますます強くなった。その理由として需要低迷に伴う買い手との価格交渉の厳しさの増大、系列取引の見直しによって競争がオープン化・国際化し価格競争に巻き込まれ易くなった。

⑤過剰在庫の問題

　　顧客需要が予測しにくく、しかも変化し易くなったために、過剰な在庫を抱えると大きな損失を招く危険が高くなった。情報技術や物流技術の発達により多品種の製品在庫を効率的に管理するようになった。

⑥成長率の鈍化

　　産業成長率の鈍化により既存顧客からの需要増加を見込めなくなれば、新たな取引先を増やす努力が必要となる。従来の安定した取引関係を見直しオープンな市場で製品を調達したり販売したりすることが新たな戦略課題となった[18]。

2.2　個人型営業の限界

　営業プロセス改革論を考察するには、まず田村、石井、高嶋が営業をどのように捉え理解していたのかを考える必要がある。石井、高嶋は、営業担当者の活動レベルに限定した「個人型営業」[19] について次のように説明している。個人型営業とは、①顧客対応の迅速性、②顧客との人間関係による優位性、③営業責任の明確化、④営業担当者の営業ノウハウの取得等のメリットはあるものの [20]、一方で過剰な顧客志向と現場主義という問題が存在しているという。

　過剰な顧客志向とは、営業担当者が顧客側の立場を代弁し過ぎるという弊害を意味しており、担当者レベルの過剰な顧客志向は、企業レベルで長期的な顧客志向を歪めてしまう可能性があると高嶋は指摘している。つまり顧客の全体的な動向を捉えて、戦略的に顧客に対応するという意味での企業レベルの顧客志向ではなく、営業担当者が担当する顧客との関係性を強調する傾向を表すということである。全体的で長期的な顧客志向は、マーケティング戦略で重視されるべきものとして語られるのに対して、営業担当者の顧客志向はしばしば顧客側の立場を代弁し過ぎるという危険性を含んでいる [21]。また過剰な現場主義 [22] の強調は、営業現場の多様性を踏まえて考えると、個々の営業担当者が蓄積した顧客に関する知識や営業スキルの伝達を妨げる可能性をはらんでいる。つまり情報が属人化・固有化されるために、情報の共有化が進まないという問題が発生する [23]。

　さらに高嶋は「優れたセールスマン」について、個人の才覚でしか動かないために組織の協力を有効に仰ぐことや、社内で情報を共有することについての課題を残していると論じる。また企業は、営業担当者の経験と勘と度胸に基づく判断に任せるのではなく、それをサポートする支援体制、コストを含めた営業効率、顧客ニーズを情報発信できる環境整備が必要であると主張する [24]。また石井においては個人型営業を「属人営業」と表現し、属人性が抱える問題点を次のように指摘している [25]。

〈属人性に関する問題点〉

・新しい人への引き継ぎが難しい

・営業担当者の能力を上げるための教育が困難（成績のばらつき）

・営業担当者間で不公平があったり運不運が働く

・営業の過程で何が起こっているか分からない

・営業現場に対してマネジャーは判断できる根拠を持たない

・顧客の問題の解決と自社の売り込みとを両立させることが難しい

　また貴重な顧客情報が営業担当者の頭のなかと手帳にしまい込まれている
ケースが多い。その営業担当者が退職になると、大慌てで引き継ぎし、無駄
な給与を支払って、結局肝心な情報が伝わらずに顧客を失うといった例もあ
る。良く売る、業績の良い営業担当者ほど「俺の客だ」と自負心を持ってい
る。しかし、どんなに良く売る営業担当者であっても、必ず企業の信用や実
績、看板に支えられて営業活動をしている。よって日々の営業活動で顧客の
発言や反応等の定性情報を収集、整理、分析し次のアクションに活かす必要
がある。顧客にとっては、その営業担当者との属人的な取引ではなく、その
営業担当者がいようがいまいが、退職しようが休もうが関係なく、企業が組
織的に商談の内容を把握し、誰でも同様の対応をしてくれることを望んでい
ると論じている[26]。

2.3　営業プロセス改革論が目指したもの

　日本の営業に組織化、情報化といった概念が取り入れられるようになった
のは、1990年代から2000年初頭にかけてであり、神戸大学の石井淳蔵、田
村正紀、高嶋克義らを中心に議論されてきた。彼らはバブル崩壊と共に岐路
に立たされた企業の営業に着目し、従来の"個"による営業から情報通信技
術を活用した"組織"による営業へのパラダイム転換を提唱した。ただし3
人は情報による組織化を提唱しながらも営業に対する考え方や異なる視点を
持ってそれぞれ独自の営業プロセス改革論を展開している。

　バブル崩壊後、最も早い段階に営業改革の必要性を唱えたのが石井であっ

た。石井の源流はマーケティング論と流通研究にあり、主にメーカーの営業担当者へのヒアリング調査を通して日本の営業担当者が持つ独自性に注目している。営業研究の処女作となる嶋口充輝との共著による『営業の本質』では、これまで学術的に触れられることのなかった日本の営業担当者が持つ誇りや世界観、グローバル化による営業担当者の抱えるジレンマを明らかにした[27]。『営業マネジメントの革新』では、改革のフレームワークとして分業型の組織営業と、営業のマニュアル化による標準化を提唱している。また『営業が変わる』（2004）では、顧客との関係性に注目し関係管理を目的とした営業のあり方について考察を行った。『組織営業のマネジメント』では組織営業のベースがプロセス分解にあることを提唱した。

　田村の源流は小売業を中心とした流通問題や流通システムにある。田村は、経済企画庁、関西生産性本部、旧住友ビジネスコンサルタント（現日本総研）、日本能率協会らとの共同研究を通して、営業に関する大規模な実態調査を実施している。そこにおいて営業の競争優位性、営業担当者の能力と経験効果、トップ営業の活動特性など様々な角度から統計的な分析を行い、これまで明らかにされてこなかった営業の実態と特性を明らかにした。代表作とされる『機動営業力』では、流通の業態革命、情報技術の発展などにより企業の販路の盛衰が激しくなるなかで、従来の大量集中原理にもとづくパワー・マーケティングから新たな競争基盤として機動集中型のマーケティングとして営業による柔軟性と迅速性に着目し、情報技術を活用した顧客適応力向上を目的としたホロン型（holon = whole + one）[28]の「機動営業力」という新たな概念を提唱した。田村は、組織戦略の視点から情報共有によって分析・加工段階において他の企業活動と関連づけるシステムとして「機動営業」の重要性を次のように指摘している。企業活動の全業務過程を、営業の第一線に機動的に集束（ホロン）することで、営業を結節点とする企業活動の情報ネットワークを構築することの重要性を指摘している[29]。

　高嶋は、日本能率協会、名鉄エージェンシー、社会システム研究所等と共に数多くの企業の営業担当者へのヒアリング調査を通じ、特に顧客との関係性のあり方について着目している。『生産財の取引戦略』において日本の

チャネル問題（パワー、コンフリクト、協調的関係他）から接合点となる営業の重要性を指摘した。代表作となる『営業プロセス・イノベーション』では、田村や石井の研究を総括すると共に営業改革をイノベーションと位置づけ、生産財取引、組織間関係性の観点から独自のアプローチを行っている。また営業担当者の情報の共有可能性（連携効果）や分析能力（改善効果）を高めることで組織全体の営業力を向上し、顧客との中長期的な組織的関係構築を目的に「データベース営業」、「プロセス管理」、「チーム営業」の3つのフレームワークを提唱した。

　営業プロセス改革論の最終的な目的は、従来の分散した営業活動を組織に集約することで、営業の主体を個人から組織へとシフトさせ、組織が個人を管理しながら課題解決型の関係構築を図る点にある。そこでは情報技術の活用が核となっている。1990年代の日本企業は欧米に比べ情報技術の経営利用が遅れていたことから、営業プロセス改革論では特に営業分野における情報技術の積極的な活用を強調しているのである[30]。

　通常、研究開発組織の場合、平均的に優れた人的資源よりも、むしろ少数でも良いから天才的な技術者が必要だが、優れた営業組織をつくるには、少数の天才的な人的資源よりも多数の平均的に優れた営業担当者が必要だとする考え方が表れている[31]。いくら一部のトップ営業担当者の販売実績が高くとも、1人で営業部門全体の業績を支えることは不可能であり、また営業は各担当者の販売業績の積み重ねが全体の業績となる加算型タスクである[32]。それを踏まえた上で情報技術の融合によって営業の標準化と連携強化を図り、より一層の営業強化を目指したのである。高嶋は、新しい営業体制の具体的目標として、「提案営業・問題解決営業」、「組織レベルでの関係構築」、「部門横断的営業」、「情報共有型営業」、「効率的営業」の5つを掲げている[33]。

　図2-2は、従来の営業体制と営業改革後の営業体制における営業成績の比較について示しており、営業成績の高い人から順に営業成績（達成した売上額）を並べて描いた曲線である。曲線①は、従来の営業体制のもとでの営業成績曲線である。この場合、上位陣（トップレベルの営業担当者）の成績は

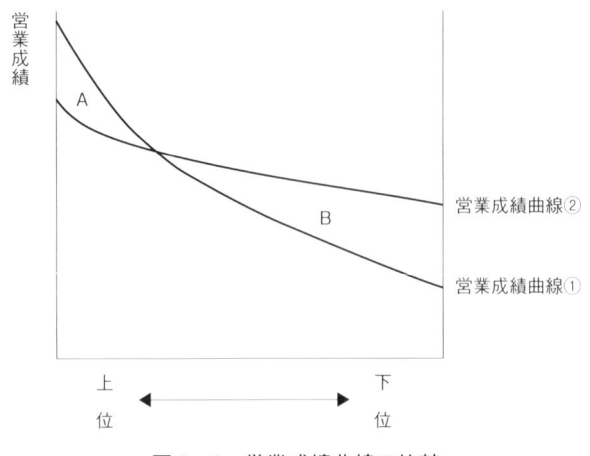

図 2 - 2　営業成績曲線の比較

（出所）高嶋［2002］p.56。

著しく高い一方で、右側に急速に落ち込んでいる。これは、少数の上位陣が企業の売上げの大きな比率を占めていることを意味する。曲線②は、営業改革後の営業成績曲線である。曲線①に比べると、その勾配は緩やかになると予想される。システム的な活動により未熟な営業担当者が一定の成果をあげられるようになる一方で、上位陣は標準的な手続きによって成果があげにくくなっている。

　そして、営業成績曲線の①と②で囲まれた三角形ＡとＢの大きさが営業改革の有効性を示している。三角形Ａは、営業改革の標準化・システム化によって上位陣の成績の落ち込みを示しており、三角形Ｂは、営業改革によって引き上げられた営業成績の大きさを示している[34]。このように1990年代以降の営業プロセス改革論は、成績の大半を占める上位の人間ではなく、僅かな成績しかあげていない者を中心に改革することによって、成績が低いほど全体の成績が向上する仮説に基づいて理論展開されていることが分かる。

3．高嶋による「営業プロセス・イノベーション」に関する議論

　日本の営業研究を包括する高嶋は、情報技術を活用することで顧客への柔軟な対応や人間関係重視のために営業担当者が情報を抱え込んだり、個人で情報をやり取りする体制から、担当者間や部門間における情報共有ができる体制へ切り替えることの重要性を説いた。個々の営業担当者が持つ様々な情報をデータベース化することで営業部門内また技術部門をはじめとする関連部門との知識を共有することが可能になった。さらにプロセス管理を導入することによって、営業担当者の活動を可視化し活動の標準化と有効なプロセス・マネジメントを提唱した。高嶋は営業の「知識」に着目し、情報技術を活用した「データベース営業」、「プロセス管理」、「チーム営業」の3つのフレームワークの概要について考察した。

3.1　データベース営業

　営業改革の根幹には、情報技術を活用した営業情報の集約化がある。高嶋は、営業活動や顧客の状況に関する情報の透明性を高め、企業が営業を適切に管理できるようになることで、業務改善と連携促進を図ることができると論じている[35]。つまりデータベースの活用によって営業活動や顧客の状況についての知識をできる限り数値化し文字データに置き換えることで、仮説検証型のプロセス改善（改善効果）と他部門担当者との情報共有の効率化（連携効果）という2つの効果が期待できるのである[36]。

　高嶋の提唱する「データベース営業」は、営業活動や顧客との対話から生まれるナレッジをデータベース化することで関係者間でそれを共有し、営業活動の効率化を目指している。

　主なデータベースとしては次の4つが挙げられる。

①潜在顧客データベース

　市場データベースの最も主要なもので潜在顧客のデータベースを蓄積したもの。どの顧客が有望か、誰がキーパーソンか、如何なる営業活動が最適化か判断する。

②既存顧客データベース

　顧客の基本的データのほか取引履歴、取引状況、担当者、人物情報、競合企業との取引状況がデータベース化されている。顧客との関係管理を行う。

③営業活動データベース

　営業日報データベースとも呼ばれ、顧客に対する営業活動の記録を管理目的だけでなく、営業のノウハウやスキルを営業担当者間で共有するために利用できる。

④商品データベース

　製品の種類が豊富であったり、技術的に複雑で数多くの仕様があるとき商品データベースを作り、営業担当者がその情報を自由に引き出せるようにする[37]。

　データベース営業のメリットは、営業担当者の情報処理能力の限界を補い、より効果的な営業活動を可能にすることにある。典型的イメージは営業担当者が携帯型の情報端末を持ち歩き、顧客や商品などのデータを必要に応じて引き出し、最も効果的な提案営業活動を効率よく行い、顧客からの問い合わせに対して迅速に対応できるようになる。

　営業部門内の連携では、他の営業担当者へのスキル・ノウハウの知識を伝えることで部内全体の能力を引きあげることが可能になる。一方で他部門との連携では、顧客情報を他部門へ伝えることで、企業全体の顧客適応力を向上させる効果がある。問い合わせたり連絡したりする作業を助けることで営業部門内や他部門とのコミュニケーションをスムーズにし相互の連携を引き出す[38]。

　また既存顧客のデータベースが企業内部のコミュニケーションを促進すれ

ば、まず部門間のスムーズな連携が実現する。それは顧客毎に営業活動や
サービス活動についてのデータを蓄え、様々な部門で利用できるようにする
ことで、その顧客との取引に関わる諸部門が相互に協力できるようになるか
らである。このような既存顧客データベースに基づく部門間連携は、前述の
顧客との関係性を構築・維持しようとするとき特に重要となる[39]。

　高嶋は、データベースを通じたコミュニケーションの考え方として、プロ
セス管理の導入を基礎としたデータベースの構築の重要性を指摘している。
そのメリットは、営業活動や顧客の状況についてプロセス指標を用いて可視
化を追求することで営業活動や顧客の状況についての多様性や曖昧さが抑制
されることであるという。例えば、データベースの情報に関係する担当者
がパソコン上で変化や問題を発見すれば、データベースでは表記されない
詳細な情報や現場の状況などについて対面型のコミュニケーションを通じて
伝え合う仕組みを築くことで、データベースの不完全さを補うことができ
る。

3.2　プロセス管理

　営業活動の管理様式については、これまで欧米の研究では成果ベース
（outcome-based）と行動ベース（behavior-based）の2つの管理様式に基づく
考察がなされてきた[40]。

　日本の営業改革では、従来の成果ベースとなる「アウトプット管理」から
行動ベースの「プロセス管理」への有効性が論じられている。個人型営業で
は、成果ばかりが重視されマネジャーから営業担当者に対して「がんばれ」、
「気合を入れろ」といった無限定な努力を押しつけられていたが、そうなら
ないために必要なことは個々の営業活動を充分に理解し分析できること、そ
のためには担当者の活動プロセスを透明化することが必要である[41]。

　アウトプット管理は、上長である営業管理者が指示や監視をあまりせず、
営業活動の評価や報酬において、担当者の達成した売上げや利益などの成果
（アウトプット）による直接的で客観的な測度を用いる。つまり売上という単
純で一見公平な測度を利用することが多く[42]、貢献度の大きい者に多くの

報酬を与えるという単純なルールは、個人にも受け入れられ易く、また積極的な努力を動機づける上でも有効と考えられている[43]。

アウトプット管理のメリットは、営業活動の管理の手間とコストがかからないこと、さらに日本企業の営業スタイルである顧客志向にフィットしているということである。即ち営業担当者や管理者が顧客との関係を大事にする状況においては、それらを損なわずに営業活動をさせたり、それに合った営業担当者を育成するためには、アウトプット管理が適している[44]。一方、デメリットは営業担当者が短期的な販売成果を追求し、顧客満足に配慮しなくなり、利益が出たり売り易い製品の販売を優先したりして長期的視点や企業全体の視点からすれば好ましくない行動をとり易い点である[45]。

プロセス管理は、営業活動のプロセスを分解することから始まる。営業プロセスを5つの段階に区別し、営業担当者が顧客に出会うのを第1段階とし成約時を最終段階とする。各商談の進捗状況を管理できる「営業案件マップ」を作成し、この案件マップによって順調に進んでいる案件と進んでいない案件を把握することが可能となるのである。さらに営業担当者の主観的な思惑が入らない判定であることが重要となる[46]。

このように営業活動をプロセスに分解し、行動や中間成果のデータをとることの目的は、「問題の発見と解決」、「仮説と検証のサイクル」の2つがある。「問題の発見と解決」とは、日々の営業活動において、行動や状況を示すデータによって問題の発見や原因の分析を習慣づけ、考えながら営業することである。つまりプロセス管理では、多くの指標によって行動や状況が捉えられ、過去のデータや分析の蓄積があるために、過去とは違う状況になっていることをいち早く発見でき、他の指標との関係を追跡することで、その原因を分析することができる。一方で、管理者としてもデータを持つことで、営業活動における問題を担当者と一緒に分析して、解決策を考えることができる。これは、生産現場における改善運動に共通するアプローチである。

次に「仮説と検証のサイクル」は、営業活動における仮説検証のサイクルを早く回せるということである。プロセス管理では、販売や成約のデータとして集計される前の段階に遡ってデータを収集するため、問題をいち早く見

表 2-1　営業プロセスの段階

第 1 段階	問題の認識	きっかけの提供→カルテ作り
第 2 段階	探索の開始と計画	計画書の作成
第 3 段階	態度形成と具体化	具体的な提案・見積書の提出
第 4 段階	交渉と譲歩の余地	受注条件の整備
第 5 段階	購入の実施と評価	納品の推進＋顧客の満足評価

（出所）石井［2004］p.106。

　つけて、その対策も早めに行うことができる。さらにこうしたデータを使って、「ある行動をすれば、中間指標がどうなるか」という仮説を立てた上で、その行動を実践し、その結果を中間指標でチェックするということも早いサイクルで行える[47]。

　ただしこの 2 つの管理様式は、営業活動の監視や指示及び評価基準について全く対照的な管理様式であることから、どちらの管理様式を選択すべきかという問題については、それぞれのメリットやデメリットが営業状況によって異なるため、それらの比較によって選択される必要性がある[48]。しかしプロセス管理のメリットとして、従来の関係志向の個人型営業様式のデメリットを抑制する点にあるため、日本企業では部門間調整と営業組織の拡充という視点から営業のプロセス管理を選択することへの重要性が高いとされている[49]。

3.3　チーム営業

　チーム営業とは、企業レベルで営業部門をはじめ複数部門が連携しながら、顧客のニーズに対応して顧客との関係を維持していくことを目的としている[50]。チームとは、特定の顧客向けのクロスファンクショナル・チーム（職能横断的集団）である。即ち、顧客の問題に専門的に対応するチームであり、営業担当者だけではなく、設計開発エンジニアやシステム・エンジニア（SE）、顧客サービス担当、生産担当、物流担当など、複数の職能部門から集まったスタッフから成るチームである。規模は、顧客との取引規模などによって異なり、何十人、何百人といった大きなものから、数名という少人数

のものまで多様である。また、商談によって一時的に形成されるチームもあれば、恒常的な取引関係を持つ顧客に対する長期継続的なチームもある。営業チームは特定の重要顧客における問題解決のために、社内の様々な専門家が連携することが期待されている[51]。

チーム営業は、企業が少数の特定顧客としか取引しない場合や、顧客の中で特に重要な少数の顧客に対応する場合に有効とされる。そのため企業が取引する顧客を有力顧客に絞り込んだり、特定の有力顧客に対してのみ顧客適応的な製品開発やサービスを提供するという顧客の選別が条件となってくる[52]。

チーム営業のメリットは、顧客の問題を分析する段階から技術者が参画することで、問題に則した設計や技術開発をスタートできる上に、顧客と直接接触することによって、アイデアが刺激され、新しい技術適用の可能性も広がり、顧客に有効な問題解決を提案できる点にある[53]。そしてチームに様々な職能の担当者を所属させることについて情報共有と顧客志向の向上への効果が期待できる。他の職能部門の担当者と連絡をとる場合においても、自らの部門や相手の管理者というフィルターを通さずに済むので、同じチームのなかでダイレクトにコミュニケーションが図れるようになる。通常、大きな組織で職能別に部門が分かれている場合、開発や生産のように顧客に接触する頻度が少ない技術部門では、顧客を意識しにくくなる傾向がある。しかし、顧客別のチームでは設計開発であれ、顧客サービスであれ、諸活動は全て特定の顧客を目指したものになり、それぞれ顧客が満足しているかに関心を持ち、チームの一員として営業担当者と同じように顧客に対応し、顧客の問題に頻繁に接触するようになるのである[54]。

石井は『営業が変わる』において住宅メーカーの営業を取り上げ、分業型の組織営業を提唱している。それは営業活動を顧客毎に分けるのではなく、営業プロセス毎に諸課業を分担することで、ある課業を専門的に集中して扱う担当者を配置し、彼らと共同で営業活動を遂行する活動と定義している[55]。石井の提唱する組織営業は、顧客との関係性構築よりも、営業活動の効率を高めたり、営業スキル・ノウハウをチーム内で伝えるために用いられている。このように個々の専門性を高める営業活動は、顧客数が多く、し

かも企業が成長途上で多数の顧客に対応できるだけの充分な営業担当者が育成されていない場合に有効とされている[56]。

　田村は、競争優位形成のためにはマーケティングと実物供給に関わる業務活動は、もはや職能部門間の分業だけでは効果的に遂行しえないと指摘する。つまり各業務を過程として全体管理する必要がある一方で、専門化の利益を追求するための分業的な職能部門構造が不可欠なので、職能組織構造と過程の全体管理が同時に必要となる。営業部門は、顧客価値創造の全過程の一要素であるが、同時に顧客価値創造の全過程を代表している。よって営業部門の活動は1つの職能部門の活動であると共に、顧客価値創造に関わる全体活動の性格を併せ持つ必要があると論じている[57]。

3.4　「営業プロセス・イノベーション」の意義

　高嶋の「営業プロセス・イノベーション」は、営業改革がイノベーションである根拠を明らかにし、営業改革の理論的枠組みを初めて体系的に捉えた点で評価されている。つまり営業改革への理解を通じ、営業という領域の体系化を試みたという点でこれまで未着手であった営業研究の発展に大きく貢献したといえる[58]。また高嶋は、生産財マーケティングの視点から営業のあり方について論じた第一人者であり、顧客との関係性を強化する「関係性志向」と幅広い営業体制を支える情報共有の形成を目指す「拡張性志向」のトレードオフ関係にある両者を同時に追求するマルチプル・リレーションシップ戦略の競争優位についても提唱している[59]。

　なかでも「営業プロセス・イノベーション」の意義は、営業という仕事を「技能」としてではなく、「知識」の観点から捉え直したことが最も大きな貢献であるといえる。従来の営業研究では、人材育成の教材や体系立てられた管理手法等はなく、ほとんどが上司と部下との師弟関係のなかで経験を積むことが重視されてきた。そこから得た技能は、個々の貴重なスキルとしてオープンになることはなかった。よって営業が成果をあげるためには「知識」ではなく「技能」が重視されてきたのである[60]。しかし「営業プロセス・イノベーション」によって個々のサービスレベルのばらつきを、仕組み

64

によって解消すると共に標準的な営業活動のあり方を示したのである。高嶋は、営業にプロセス分解を導入することによって活動を可視化し、他部門と情報を共有することで組織一体となった営業のあり方を示唆した。

　近年では、多くの企業で「データベース営業」、「プロセス管理」、「チーム営業」の仕組みが導入され、KAM（キー・アカウント・マネジメント［重要顧客管理]）や SAM（ストラテジック・アカウント・マネジメント［戦略的顧客管理]）と呼ばれるチーム営業体制への移行が関心を集めている[61]。このように「営業プロセス・イノベーション」は、個々の営業担当者による人間関係に依存した個人的な営業体制の限界を克服すると共に、組織による課題解決と長期的な顧客との関係構築に向けた営業のフレームワークを提示したことで現在の組織営業の礎を築いたといえる。

4．営業における価値創造に関する課題点

4.1　活用されないデータベース

　データベース営業が抱える課題は、情報を蓄積することばかりが重視されてしまい、知識をどのように活用し成果に変換させるかといった基盤となるべき生産性の問題が明らかにされない点である。知識の有効性について、ドラッカーは知識の定量的側面たる「知識の量」は、知識の質的側面たる「知識の生産性」ほどには重要ではなく、目的のために意思決定に使われてはじめて意味を持つものであると論じている[62]。またベルは“知識”プログラムを設計する問題は“情報”プログラムを設計することとは全く異なると指摘し、中央集権的な知識システムが、利用者の要求に応じて詳細に応える分散的・自主的システムよりもうまく機能しうるという考えは社会学的に間違っていると指摘している[63]。

　ダベンポートは、企業が知識を集積してコンピュータ上で配信しようとした「ナレッジマネジメント」の取り組みについて、ナレッジマネジメントの取り組みは知識労働者に現業を行わせながら余分な負担をかけることになるため、時間的問題を指摘している。知識労働者にこのようなビヘイビアを身

につけてもらいたければ、それができるだけの時間的余裕を与え、知識を創造し、配信し、使うという、彼らに求められるビヘイビアは、不要な活動を削ぎ落としながらその業務自体に「埋め込んで」やるべきと論じている[64]。

さらにフェーファーとサットンは、知識やノウハウの概念について明確で数量化できる商品としての知識と、実践に使う具体的な知識との区別がつきにくい点を指摘している。その結果、知的財産を獲得・開発して知識を蓄積することに重きが置かれていた。この裏には、いったん所有した知識は適切に使われるという仮定がある。また企業がイントラネットやデータベースによって知識を集めたり、共有や分配することに積極的である一方で、知識を製品やサービスに組み込んだり、知識に基づいて新しい製品やサービスを開発したりする活動には消極的であると指摘し、このような知識と行動とのギャップの要因を挙げた[65]。

〈知識を行動に活かせない理由〉
・テクノロジーや体系化した情報伝達に偏っている
・知識を在庫品のように、数量的・具体的なものとして扱おうとする。そこでは「もの」としての知識と、知識を使うこととが切り離されてしまう
・正式なシステムでは、暗黙知を蓄えたり、伝えたりしにくい
・現場の仕事を充分に理解していない
・具体的な活動にのみ注目し根底にある哲学を無視しがちである

特に知識の共有化については、情報の件数や情報共有グループに参加した人の数といったインプットを測定するのは簡単だが、もっと重要なアウトプットや事業価値などを測定することは難しい[66]。ドラッカーは、情報化のリスクについて次のように警鐘を鳴らしている。「今日マネジメントは、IT革命によって必要な情報を持てなくなった。手にするデータは増えたが、ほとんどが組織の内部についてのものである。組織にとって最も重要な変化とは、今日の情報システムでは把握できない外部の変化である。外部の世界についての情報は、ほとんどの場合コンピュータを利用できる性格のもので

はない。分類もされなければ、定量化もされない」[67]。また「いかにデータベースにデータがあろうとも、それは情報ではない。情報の原石にすぎない。情報に変えるには、目的のために体系化し、意思決定に使わなければならない。特に戦略的な決定を行う上で最も必要となるのが、外の世界についての情報である。成果、機会、脅威は外にしか存在しない」[68]。

またドラッカーは、知識社会では教養ある人間をその中心に据えなければならないと指摘する。一般的に情報とは、過去に起こった事柄が中心であり、知識労働において一定の基盤となるものの、これらを活かすためには人が意思決定によって新たな意味を与えなければならない。知識は本やデータベースやソフトウェアのなかにはなく、知識は人のなかにある。人が教え学ぶものである。人が正しく、あるいは間違って使うものである。それゆえに知識社会への移行とは、人が中心になることを意味している[69]。

松尾によれば、効率を高め人材を早期育成するために知識共有を進めることは個人の経験学習を阻害すると論じている[70]。全てを情報システムに依存することによって、具体的な自らの経験を通して自分で知識を生み出す能力（問題解決力）が低下する「知識共有のジレンマ（knowledge sharing dilemma）」が生じるという[71]。

遠藤は、いくら「インプット」を増やしたとしても「アウトプット」には繋がらないと論じる。「過剰な知識は『行動』を鈍くさせ、『分かったつもり』になることが一番危険であるにも関わらず知識を詰め込んでいく。知識として知ることと、実体験として知ることには無限の差がある。世界が大きく動いているときに、過去に基づく知識など何の役にも立たない。いま求められているのは、自らの意思で『行動』し『直接経験』を積むことである。泥臭い現実を知らなければ、役に立つ知識と役に立たない知識さえ判別できない」[72]。

このようにデータベース営業の課題は、情報を蓄積する仕組みを築くことが議論の中心となり、営業活動において有効な情報が何で、どのように情報を活用すべきなのかについては充分議論されているとはいえない。よって営業担当者は、日々の活動日報や履歴管理として情報を入力するものの、それ

が営業にどのように活かされるべきものなのかを理解しないままデータベース営業を捉えているのである。

4.2　プロセス管理の弊害

　ここでは専門職（プロフェッショナル）の行動様式について把握する必要がある。一般従業員を管理するのと同じ手法で、専門職を管理するには注意が必要である。それは「監督」という概念が、プロフェッショナルの性格と真っ向から対立するからである。専門職は監督されることを大変嫌う。そもそも彼らを組織化する方法として、監督というやり方は間違っている。多くの専門職の場合、「上司と部下」ではなく「先輩と後輩」の関係にある。専門職の仕事はグループ・プロジェクトであり、責任はそれぞれの持ち場で個人が負うべきものという意識が強い。そこでプロフェッショナルグループの上司たる人物は、監督ではなく調整役や指導者という役割を担っている。ドラッカーは、専門職と管理プロセスの関係を再構築すべきであると警鐘を鳴らしている[73]。

　また、ドラッカーが提唱した目標による管理（MBO）は目標管理や自己管理（または自律統制）のためのツールであるべきであり、上からのコントロールの手段となってはならない。もし上から管理するために用いられたなら、情報収集、分析、統合といった新しいテクノロジーのせいで士気が下がり、仕事の成果が著しく損なわれるなど、計り知れない弊害が生じるはずである[74]。

　上田によれば、日本で行われている目標管理の多くは、似て非なるものになっているという。本来目標管理とは、はるかに主体的であって、現場で働く者が部門全体の目標を念頭に、上司とのやり取りのなかで主体的に定めるものである。しかし日本では言葉だけが独り歩きし、目標を「与えて管理する」という似ても似つかないものになっているケースが多いと指摘している[75]。

　ドラッカーは、仕事の分析において計画と実行が違うことを発見したのはテイラーの最も価値ある洞察であるとしながらも、計画と実行の分離は計画する者と実行する者とが別人でなければならないということを意味していな

いと指摘している。また、ドラッカーは実効性のない戦略について次のようにいう。「計画と実行は1つの仕事の2つの側面であって2つの仕事ではない。この2つの側面をもたない仕事は成果をあげることはできない。計画の立案だけをすることはできない。仕事には実行の要素がなければならない。さもなければ、成果をあげることはできない。夢を見ているだけである。逆に実行だけをすることもできない。仕事に計画の要素がなければ、たとえ機械的で反復的な雑事であっても、実行をコントロールすることはできなくなる。計画と実行を別の者に行わせることは、食べることと消化することを別の体で行わせるに等しい」[76]。

またドラッカーはテイラーの科学的管理法の盲点として、仕事の分解と統合について次のように指摘している。仕事とは単純な要素動作に分解しなければならないがゆえに、それらを個々の要素動作の連鎖として仕事を組織し、しかも可能な限り1人の人間が1つの要素動作を行うように組織しなければならない。テイラー自身は仕事を統合する必要性を理解していたものの、彼以外の論者と実務家はすべて、仕事の組織化の本質は要素動作にのみあると誤解していた[77]。

ダベンポートは、ルーティン性の低い仕事は定型化をせず、創造性を発揮できる余地を残し、ルーティン性の高い仕事では、標準化と形式化により効率が増したことを示唆した[78]。つまり営業という仕事を表面的な行動管理を行うだけでは、知識レベルでのプロセス化が十分とはいえない。結果、営業自身がプロセス指標を問題分析や仮説検証のための手段や道具として考えずに、自らの行動の短期的な目標と見なしてしまい、時には管理者もが「データ依存症」に陥り易くなる。ここで欠けているのは考えるプロセスである。そのため営業担当者や管理者にとって目の前の目標を達成するかどうかが重要ではなく、ある指標のデータを使って考えることが重要になってくる[79]。

またアンダーソンとオニェマーは、営業成績に重点を置く「成果管理システム」と企業が設定した基準に重点を置く「行動管理システム」について考察を行っている。それによれば、行動管理システムが適している場合とは、

営業担当者が自主性を発揮できない場合や、営業担当者の知識や経験が不足している場合であるという。そして、新人の営業職員も行動管理システムの下で最初のうちは成長するが、次第に経験を重ねるうちにストレスを募らせるようになるのである[80]。つまり優秀な営業担当者にとって質の高いプロセス指標でなければ、自身が持つ能力を発揮することが困難になる可能性がある。優秀な営業担当者に対して第三者がつくった行動管理をあてはめることは、営業担当者の自主性や独立性を否定するだけではなく、彼らが持つクリエイティブな思考や戦略的な活動を引き出すことが困難になることが予想される。

　竹村は、営業プロセス・イノベーションを統計学的な視点から、平均と分散（標準偏差）の理論構造の欠陥について指摘している。成績の低い営業担当者の減少は、同時に優秀な営業担当者の減少をも意味していると指摘している。平均的な営業担当者だけが大量につくり出されることを統計理論は予測している。さらに「企業にとって絶対値の拡大は喜ばしいことであろうが、参照すべきトップセールスマンが減少するということは、長期的にみればナレッジスパイラル[81]はその代償として回りづらくなる」[82]と論じている。

　本田は、プロセス管理をはじめとしたセールス行動理論の探究に際して行動科学的方法が比較的適当なのではないかという仮定から、複数の観察者によって認めることのできる客観的な現象だけを理論の確証とし、個人的な経験を意識的に除外していると指摘する[83]。確かに顧客の状態や顧客との交渉の内容は、あまりにも複雑で多様であり、簡単な文章や指標で表現できるものではない[84]。工場や物流倉庫のように機械が相手の業務ならともかく、営業のように相手が人で競争相手も多く常に変化が激しい世界では、営業担当者の独特の勘や経験が重要であり、標準化によって思考停止になっては変化の激しい世界をわたっていくことは困難である[85]。

　このようにプロセス管理の課題は、計画と実行の分離によって実効性のない戦略に陥りやすいと同時に、営業活動を標準化させることそのものが目的化されてしまい、如何にして「個」の強み（創造性）を活かすことができるのかという問題が残されている。あくまでもプロセス管理の目的は営業の質

の向上になければならない。しかしながら、営業プロセス・イノベーション
ではフィードバックについてはあまり触れられていない。現場の営業担当者
からの活動報告に対して、営業管理者はどのようにフィードバックを行い、
営業担当者を育成・マネジメントするのかという問題についても議論の余地
が残されている。

4.3 価値創出に関する問題

高嶋が提唱したチーム営業は、個人技ではなく組織によって顧客の課題解
決にあたることで長期的な関係構築を目指した。顧客との長期的な組織間関
係を構築する意義は、バブル崩壊によって縮小した市場において、顧客の新
規開拓よりも既存顧客への営業強化を図ることが安定した売上げを確保する
上で有効であったからである[86]。

しかしながら、営業プロセス・イノベーションによってチーム営業という
枠組みは提示されたものの、それらが有効に機能し、何を生み出すのかにつ
いて充分議論されていない。高嶋は、チーム営業の代表的な問題として営業
部門と技術部門のコンフリクトに着目し、その要因となる①出身部門の意
識、②一時的な参加という意識、③目標と言語の違い、④評価の難しさの4
つについて考察し、これらの違いを解消することの重要性を論じている[87]。

また高嶋は、『営業改革のビジョン』で、リーダーシップの必要性につい
て論じている[88]。なぜならば、チーム組織は、成果への責任はチームが一
体となって負うため、メンバーの自律性は確保され易く、職能別組織と比べ
柔軟な顧客適応を可能にするといったメリットを持つ一方で、チームの目的
やメンバー間の役割が曖昧になり易いという弱い側面を持っており、常に
リーダーがそれらを明確にし、チーム全体をマネジメントしなければならな
いのである[89]。そもそもチームとしてイノベーションを生み出すような活
動にはリスクが伴う。そのリスクを負担するコストは非常に高いので、経済
合理的なマネジメントのもとでは、誰もそのリスクを背負うことはしな
い[90]。そのためにはチームの方向性を示す創造的なリーダーが必要となっ
てくるだろう。

　このように組織が営業で成果をあげるためには、現場の営業担当者がもつ創造性は重要な問題といえる。石井がマーケティングにおいて個人の経験知をベースとした「将来を見通す力＝インサイト」の重要性を指摘したように[91]、チーム営業においても営業担当者の創造性が如何なるもので、どのような役割があるのか未だ明確にされているとはいえない。従来、イノベーションの主体は技術部門であり、営業部門はその仲介役といった補助的な考えが一般的であったが、近年営業部門が主体的にビジネスをコーディネートし新たな価値を創造することが求められるようになっている[92]。したがって、単にチーム営業という仕組みを導入しただけでは、必ずしも顧客価値を創造することには繋がるとはいえない。これらを機能させるための創造的なリーダーとして営業担当者をどのように育成しマネジメントするのかについては更なる議論が必要であると考える。

5.「営業プロセス・イノベーション」以降の研究展開

　2011 年、松尾・早川・高嶋は『改善志向の営業プロセス管理』において、短期的な目標達成の評価を目的とした伝統的な管理志向のプロセス管理ではなく、営業活動の改善を目的としたプロセス管理の重要性を論じている。改善志向のプロセス管理は営業活動を統制するためではなく、またプロセス指標は、営業活動を管理者が監視し、評価をするために利用されるのではなく、営業活動における問題を発見するために利用される。よって管理者だけでなく担当者とその指導者ができるだけ絞ったプロセス指標を活用し、特に担当者は自らプロセス指標のデータを収集して問題を分析することとなる[93]。

　2012 年、高嶋・赤堀は『営業プロセス管理とは "考える" 営業を育てること』で、人材開発の視点から営業改革を捉えている。つまりデータベースの構築を主眼に置くのではなく営業プロセス管理による "考える営業" に着目することで、営業担当者の新たなアイデアや改善策といった創造性の向上について議論している。その中で、人材開発担当者や営業企画部は、「どの

ように考えればいいのか」を教える必要があるとし、そのためにはみんなで
集まって対話することの重要性を論じる。問題の根本的な原因や未然の方策
といった前向きな問題解決の姿勢の重要性を指摘する。プロセス指標を用い
て仮説を組み立て、実施後、成果を振り返るといった PDCA を回すことで
担当者の能力向上を目指している。さらに営業企画部員がコーチングなどを
使いながら問題解決の手法をメンバーに対して教育することの重要性を明ら
かにした[94]。

　2016 年、高嶋・田村は『45 のエピソードからみる営業の課題解決』で、
企業の視点ではなく営業担当者の視点にたった営業の課題解決について議論
している。従来は、現場の反対を如何に抑え制度や仕組みを導入するかで
あったが、逆に営業現場からみた様々な課題に対する改革の必要性や有効性
を論じている。よってデータベース営業、プロセス管理、チーム営業といっ
た制度を前提とした議論ではなく、様々な業界の営業担当者へのヒアリング
調査から実務者が直面する課題（45 事例）を抽出し、それらを「信頼関係」、
「顧客開拓」、「顧客分析」、「管理」、「国際化」、「サービス化」の 11 項目に分
け、理論的な解決策やヒントを提示している。注目すべきは、新たな視点と
して「サービス化」を挙げている点である。ここでは、営業実務者が陥りや
すい顧客満足の誤った理解、営業部門とサービス部門の連携の重要性、サー
ビスに関連する問題、営業による過剰適応と標準化の問題等、営業担当者の
マネジメントに関する問題が考察されている[95]。

おわりに

　これまで日本の営業研究の先行研究を概観した。日本の営業研究はチャネ
ル問題に始まり、バブル崩壊に伴い市場競争が激化する中、情報システムを
営業に活用することで従来の個人の営業から組織的な営業様式へのパラダイ
ム転換を示唆した。これによって日本独自の商習慣の中で守られ、これまで
学術的に明らかにされてこなかった営業領域にメスを入れると共に、グロー
バル化、情報化する市場のなかで求められる新たな営業のあり方について考

察している。高嶋は、「営業プロセス・イノベーション」において営業担当者の持つ情報を共有するデータベース営業、営業活動のプロセス管理、技術部門等との連携を目的としたチーム営業の3つのフレームワークを提示したことで、組織として問題解決型の営業の導入と顧客との中長期的な組織間関係の構築を目指した。

　ただしこれらの仕組みは、決して営業担当者を管理するための便利なツールや、前後の問題を職人的に解決していくためのものではなく、本来特定のより極所化した問題に対して創造的活動を促すための補助的な仕組みであるといえる。よって営業活動が顧客の課題を解決し、組織間関係を構築するためには、これらの仕組みが創造的に活用されることが前提となる。仮に創造的に活用されなければ、データベースは単なる履歴管理となり、プロセス管理はマニュアル化、チーム営業はただの形式的なものに変化してしまうだろう。

　さらに高嶋の「営業プロセス・イノベーション」以降の研究展開では、営業担当者の自律性や人材育成の視点から考える営業のあり方、また営業のサービス化といったマネジメントに焦点があてられるようになり、現場における創造性の重要性が再認識されるようになった。しかしながら、営業担当者が持つ創造性や仕組みを如何に創造的に活用するかなどについては充分議論されているとはいえない。営業プロセス・イノベーションによってデータベース営業、プロセス管理、チーム営業が提唱されたことで、組織を主体とした営業の基礎を築くことはできたものの、今後議論していかなければならないことは、仕組みを活用して成果をあげる「人」に関する問題である。つまり営業担当者が何を目的とし、どのようにその仕組みを活用していくのか、そこから如何なる価値を創造するのかについて明らかにしていかなければならない。そのためには、まずは営業担当者の創造性が如何なるもので、彼らの創造性を発揮させるための仕組みづくりについて議論していく必要があるのではないだろうか。

1)　高嶋［1999］p.61。

2)　1990年代以前に我が国においてセールスマンに関連する研究がなかったわけではない。代表的なものでは橋本［1983］『販売管理論』等があげられるが、それらは主にマーケティング論のセールスフォース・マネジメントについて紹介する内容のものであった。

3)　日本の流通チャネル論に関しては、森下二次也や風呂勉などの理論が基礎にあるが、ここでは森下理論を扱うことが目的ではないので触れることはしない。

4)　石井［1995］p.2。

5)　石井［1995］p.318。

6)　高嶋［2002］はしがき。

7)　金田一［2000］p.136。

8)　田村［1999］p.46。

9)　恩蔵［1995］p.123。

10)　田村［1999］p.46。

11)　石井［2012］序論。

12)　高嶋［2002］序論。

13)　高嶋・南［2006］p.113。

14)　高嶋・南［2006］pp.113-114。

15)　田村［2002］p.54。

16)　田村［1999］p.15。

17)　高嶋［2005］p.59。

18)　高嶋［2002］pp.40-54。

19)　ここでいう個人型営業とは、顧客との関係維持の役割や責任が営業担当者にあり、顧客との交渉窓口が営業担当者に一本化されていて、他の職能部門や事業部門の協力があるとしても、その営業担当者が常に中心となって調整や手配をする場合をいう。

20)　高嶋［2002］pp.160-161。

21)　高嶋［1998］pp.202-203。

22)　現場主義には2つの意味がある。1つは営業の現場は顧客や販売状況によって多様であるために、共通の営業手法や標準化された手続きに価値を認めないという傾向である。そしてもう1つは、営業の状況は競争を反映して変化し易いものであるために、現場で迅速に対応するためには現場の担当者の判断に任せることが大事という考え方。

23)　高嶋［1995］pp.266-268。

24)　高嶋［2005］pp.46-47。

25)　石井［1995］参照。石井は属人営業の特徴として、第1に営業の大事な能力が「人」に属していること。第2に人と人との信頼関係があり、その上に取引や商売が折り重なっていること。第3に営業担当者はどのように行動したか、どれだけ一生懸命努力したかではなく、結果（特に売上高）だけで評価されることを挙げている。

26) 長尾・村上・本道［2002］pp.21 – 22。

27) 石井［1995］pp.2 – 4。

28) Koestler［1967］、今田［1986］参照。

29) 田村［1999］p.179。

30) 田村［1999］p.259。

31) 田村［1999］pp.259 – 260。

32) 松尾［2002］pp.19 – 20。

33) 高嶋［2005］pp.47 – 48。

34) 高嶋［2002］pp.55 – 58。

35) 高嶋［2006］pp.42 – 43。

36) 高嶋［2006］pp.44 – 45。

37) 高嶋［2002］pp.102 – 104。

38) 高嶋［2006］pp.49 – 50。

39) Cespedes, Doyle, Freedman［1989］pp.44 – 48。

40) Anderson, Richard［1987］pp.76 – 88。

41) 石井［1999］p.10。

42) Donald, Lonnie, Kenneth［1982］pp.269 – 274。

43) 高嶋［1999］pp.61 – 76。

44) 高嶋［2002］pp.68 – 69。

45) 高嶋［2002］p.70。

46) 石井［2004］pp.104 – 112。

47) 高嶋［2005］pp.166 – 168。

48) 高嶋［1999］pp.61 – 76。

49) 高嶋［1999］pp.70 – 71。

50) 高嶋［2002］p.157。

51) 高嶋［2002］p.127。

52) 高嶋［2002］p.166。

53) 高嶋［2005］p.128。

54) 高嶋［2005］pp.129 – 131。

55) 石井［2004］参照。

56) 高嶋［2002］p.157。

57) 田村［1999］pp.49 – 50。

58) 粟島［2010］p.3。

59) 高嶋［2002］p.239。

60) Drucker［1993］pp.45 – 47。

61) 高嶋［2005］p.124。

62) Drucker［1993］pp.210 – 211。

63) ベル［1995］pp.72 – 74。

64)　Davenport［2005］pp.61 - 64。

65)　Pfeffer, Sutton［2000］pp.15 - 24。

66)　Davenport［2005］pp.70 - 71。

67)　Drucker［2002］pp.294 - 295。

68)　ドラッカー［2004］pp.96 - 97。

69)　Drucker［1993］pp.210 - 211。

70)　松尾［2006］p.8。

71)　松尾［2006］p.8。

72)　遠藤・山本［2013］pp.31 - 32。

73)　Drucker［1952］pp.84 - 90。

74)　Drucker［1974］pp.430 - 432。

75)　上田［2006］p.33。

76)　Drucker［1954］pp.280 - 286。

77)　Drucker［1954］pp.280 - 286。

78)　Davenport［2005］pp.61 - 64。

79)　高嶋［2005］pp.186 - 187。

80)　Anderson, Onyemah［2006］pp.59 - 67。

81)　野中は、日本企業の競争力をイノベーション実現能力に求め、そのメカニズムを明らかにするなかで、組織的な知識の創造が特徴となっているという。つまり、オリジナルでユニークな個人のアイディア（暗黙知）が組織レベルに共有され、その個人の能力をさらに高めるというスパイラル的なプロセス。

82)　竹村［1995b］p.44。

83)　本田［1997］pp.34 - 35。

84)　高嶋［2005］pp.189 - 190。

85)　石井［2012］pp.95 - 97。

86)　高嶋［2005］pp.124 - 125。

87)　高嶋［2005］pp.136 - 146。

88)　高嶋［2005］pp.210 - 211。

89)　Drucker［1974］pp.564 - 571。

90)　菊澤［2015］pp.74 - 75。

91)　石井［2009］pp.77 - 91。

92)　星野［2015］p.2。

93)　松尾・早川・高橋［2011］pp.67 - 81。

94)　高嶋・赤堀［2012］pp.26 - 29。

95)　高嶋・田村［2016］参照。

第3章

米国におけるセールスマンの創造性研究の展開

　第2章では特に高嶋の「営業プロセス・イノベーション」を中心に日本の営業研究を検討した。その中で日本の営業研究が現場の営業担当者の創造性を如何に発揮させるかという課題を抱えていたこと、また近年の高嶋の営業研究に中心的にみられるように、営業担当者の自律性や人材育成、個人の創造性の重要性が指摘されていることを示した。しかしながら、営業担当者の創造性の重要視はなされても、営業担当者の創造性とは如何なるものかという点については、日本の営業研究では未だ充分に取り上げられていない。よって本章では、それに関連しているとされる近年の米国セールスマンの創造性研究を取り上げ、営業担当者の持つ創造性の役割や意義を明らかにすると共に、創造性を発揮する上で影響を与える要因について考察を行う。

1．セールスマンの創造性研究の誕生

　創造性の定義については現代の社会心理学では、「創造性の概念化は、個人の特性や一般的能力としてではなく、個人の特徴や認知能力、そして社会環境の集合とすることで最適化される」と論じられている[1]。言い換えれば、創造性は個人（個性、認知能力など）と環境の相互作用の結果として生まれる製品もしくはその他目に見える反応として現れ、斬新で実際に役立つ考えや行動の流れを意味している。ただし、創造性はほぼ誰もが有するが、その方向や程度は必ずしも同じではないことが指摘される[2]。

　競争が激化する今日の環境において、創造性は組織の成功に不可欠なものであり、とくにセールスは創造性が重要な役割を担う領域であるという認識が広まりつつある。市場が進化し、技術が発展するにつれ、新たな視点を見

出し、顧客の真のニーズを理解し、顧客の課題に対し独自のソリューションを見つけるには、この全てに創造的な考え方とソリューションが必要である。これは、創造性が販売業務と切り離せない要件である可能性を示している。これまで販売に関する研究では、販売業務における創造的側面の分析を正面から行っておらず、販売員の創造的活動に関連する重要な問題に取り組んでこなかった[3]。しかし、近年営業組織が販売という付随業務から進化し、組織の生産性向上に向けた部門間連携と他社との差別化を担う戦略的機能を担うようになったことで、創造性の研究の必要性が販売の文脈で喚起されるようになったのは当然の成り行きといえるだろう[4]。

表3-1は、セールスマンの創造性に関する主な先行研究について示している。米国における初期の創造性研究は、心理学的理論による個人へのアプローチ、また認知能力へのアプローチに焦点をあててきた[5]。後に、経営とビジネスの学術的考察に関する研究では、個人的な特性及び姿勢の要素（例：仕事に対する考え方や取り組み等）の集合体と理論的に関係づけられた創造性が重視したのは、革新的問題解決姿勢（例：Barron 1969、Kirton 1989）、直感、内部動機、曖昧さに対する耐性、リスクの5つの分野であった。また創造性の認知プロセスでは、通常と異なる「独創的」な考え方と「横」のつながり（例：de Bono 1991）に重点が置かれた[6]。近年では創造性のシステム理論が出現し、これは一般に個人と環境の相互作用を重視し、創造性が発揮されるには複数の要素が同時に統合される必要があると主張している。

もちろんセールスにおける問題解決アプローチはしばらく前から受け入れられてきた。Eliashberg、Lilien、Kim は、問題解決アプローチにより営業機会や顧客との長期的関係が改善すると述べ、多くの研究で営業の問題解決アプローチの重要性を強調している[7]。心理学的研究が示しているのは、問題解決の成功は創造性と強い相関関係にあるということである[8]。また、セールスマンの動機付け（例：Ford 他 2008）と専門的知識（例：Stern 1989）は共に創造性を育むと考えられた。組織の観点から創造性を高めることに着目した研究では、社会的環境（例：Csikszentmihalyi 1988）と、組織文化および職場環境（例：Amabile 1988、Mumford および Gustafson 1988）が個人およ

表3-1　セールスマンの創造性に関する主な先行研究

人格ベースの創造性研究	発見事項
Amabile（1988）; Barron and Harrington（1981）; Galton（1869）; Simonton（1975; 1986）; Singh（1986）; Woodman and Schoenfeldt（1989）	・経歴変数の集合と創造的業績とは関連性を持っている ・人格データと経歴データとの組み合わせによって創造性の予測ができる ・前例条件により、個々人の人格と認知特性が影響を受ける ・個人の領域幅の広さ、複雑性への志向性、エネルギーの高さ、判断の独立性、自律性、直観力、自信等が創造性に影響する ・持続性、知的誠実性、内的コントロールが創造性に大きく影響する

認知ベースの創造性研究	発見事項
Basadur, Graen and Green（1982）; Basadur, Wakabayashi and Graen（1990）; Carrol（1985）; De Bono（1991）; Ford（1996）; Guilford（1977; 1984）; Hammond et al.（1986）; Sawyer（1991）; Sutton and Hargadon（1996）	・連想の流暢性、表現の流暢性、寓意的な流暢性、念慮の流暢性、話の流暢性、単語の流暢性、オリジナリティが創造性と関連する ・連想的な思考（構造的な経路を辿るのではなく、飛躍をする）が革新的な問題解決策の発見に役立つ ・代替的な解決策を考案する能力が、創造的生産性の根底にあるプロセス ・柔軟性と精緻化とが、分散化した成果に不可欠である ・人的創造性は、分散化する思考と収束化する思考とを組み合わせ ・組織のメンバーに創造的思考のトレーニングを施すことで、分散化志向を向上できる ・ブレインストームを体系的に取り入れることで、新製品の提案に関して創造性を高めることができる ・文脈の曖昧性に対して、人はそれらの主たる因果関係を探る能力を持つ ・因果関係の思考が人の関心を制約すると、個人あるいは社会的な文脈から、受容できる戦略思考を制限してしまい、失敗によるネガティブな制裁を考慮し、主な説明を検討することを拒否する

動機に関する創造性研究	発見事項
Amabile（1979; 1988; 1990）; Barron and Harrington（1981）; Ford et al.（2008）; Kanfer and Ackerman（1989）; Kurtzberg and Amabile（2001）; Mumford and Gustafson（1988）; Oldham and Cumming（1996）; Woodman et al.（1993）	・内在的な動機が、創造性のカギを握る要因である ・機会が豊かで制約のない環境設定が、創造性を促進する ・報奨をもたらす環境設定が、創造性を促進する ・自己規制メカニズムにより、目標が動機に影響する ・評価を予想すると創造的パフォーマンスが阻害される場合がある ・文化やリソース、テクノロジー、戦略、報奨が組織の創造性に影響する ・仕事の環境が好ましいか否かの影響を受けやすい気質の個人の方が、創造性に秀でている ・創造性を支える環境であれば個人の創造性を高めることができる ・チームや多様なグループ、グループ間の対立における退陣のやり取りからは、プラス（相乗効果）とマイナス（集団思考）両種の効果がある ・戦略的創造性は、不確実性や安全性、創造性に対するマネジャーの認識に応じて戦略的選択は最終的成果を5-10%ほど向上させる

知識や専門技術の役割	発見事項
Amabile（1988）; Stein（1989）	・各領域に固有のスキル（知識、技術的スキル、才能）と創造性に関するスキル（認知スキルと対人的特性）とが、創造性において重要である ・過去の経験が創造的解決策を考案することが阻害される場合もあるが、創造的行動にも必ず何らかの知識が関与する ・発明の行為は、過去の経験から新たな組み合わせたものと概念化できる
組織レベルの創造性の産物	発見事項
Bharadwaj and Menon（2000）; Im and Workman（2004）	・個人と組織両面の創造性メカニズムがある場合に、最大限のイノベーションのパフォーマンスが得られる ・創造性の各種の次元の中でも、斬新さという次元よりも、有意義性という次元の方が重要である

（出所）Pullins, Strutton, Pentina［2012］pp.21 - 22。

びチームの創造性を高める要因であることがわかった[9]。

　次節以降では、創造性研究の主な領域とされる「セールスマンの創造性の役割」、「セールスマンの創造的成果と尺度」、「セールスマンの創造性の育成」について考察を行う。

2．セールスマンの創造性の役割

　Pullins、Strutton、Pentina は、セールスマンにおける創造性の役割について『リアルタイム環境でより創造的な代替案を提示できるセールスマンは、そのソリューションで高水準の差別化を実現する』という仮説を説いた[10]。また Wang と Netemeyer は、優秀なセールスマンの、新製品を見出し、顧客の真のニーズを捉え、顧客の課題に適したソリューションを追求するなどの仕事には創造性が不可欠だと提唱している[11]。

　そもそもセールスにとって創造性の意義は、買い手と売り手の異なるニーズのバランスを取り、それぞれが満足する win-win の代替ソリューションを提供することにある。したがってセールスマンは仲介役として、販売という立場ではなく、情報や問題を識別しながら代替ソリューションを生み出す能力が重要になるため創造性のニーズがますます高くなる。さらに、自身の通

常の役割や日々の業務を超えて市場を感じ取り、企業にとって重要な外部環境で何が起きているかを理解する能力が求められる[12]。これは、創造的な人間が直面する問題で何が重要かを「感知」するために多様な情報をふるい分けなければならないのと非常に似ている[13]。

　また、セールスマンは顧客や自社のために多種多様な機会や価値を自ら進んで創造しなければならない。今日、販売で成功するには、顧客と顧客の抱える問題、その重要な課題について新たな考え方を生み出す必要がある。非常に優れた能力を備えるセールスマンなら、これまでになかった（あるいは、あることはわかっていた）顧客のウオンツもしくはニーズを創り出す（あるいは、革新的に発掘する）ことも多々あるだろう。有能なセールスマンであれば、集中的思考を使って新たなソリューション、もしくは既存のソリューションの新たなバリエーションを生み出す可能性が高い。また新たなメッセージ、もしくは既存のメッセージの生産的バリエーションを生み出し、新規に創り出したアプローチを通じてそれを実現するだろう[14]。

　創造力のあるセールスマンはそうでない者に比べ、変化する環境の課題に、より周到に、責任を持って立ち向かうだろう[15]。創造力のあるセールスマンは、従来に比べはるかに優れたソリューションを生む可能性に富んだ新しい有効な販売アイデアを自ら進んで考え出し、それを自分のものにする。事が上手く運ばない最悪の場合であっても、創造力のある販売員なら「これはここの売り方でない」というような不毛の言い訳に固執することはない。彼らは、対面（リアルタイム）販売の際のプレッシャードでも創造的思考をする必要がある[16]。

3．セールスマンの創造的成果と尺度

　Wang と Netemeyer は、セールスマンの創造的成果について当人が生み出す新しいアイデアと斬新な行動の量が、セールスマンの創造的成果であると概念化した。またセールスマンは、組み立てが不十分な販売上の問題を解決する際、これらのアイデアや行動が有効かつ妥当で、販売成果に貢献した

いという思いからそれらを生み出し実行に移していることがわかった[17]。

　実証試験を通じ、特に創造性が現れるのが、問題に対して新たなソリューションを生み出し検証する際、問題を違う観点から捉え新たな問題を見つけ解決する際、あるいはこれまで見過ごされていた問題を見つける際であることがわかった。特に問題となりやすいのが、顧客関係の管理、ロジスティクス、教育、社内協調の分野であり、セールスマンはこれらの問題を通じて、提案営業をし、顧客とのつながりを築き、異なる領域の知識やスキルを販売における問題に適用することで創造性を発揮しているのである[18]。

　また Wang と Netemeyer は、セールスマンの創造性の尺度として、①革新的方法による販売提案、②臨機応変な販売業務の実施、③顧客ニーズを満たす新アイデアの考案、④従来なかった顧客問題に対し複数の代替案を創出し評価する、⑤旧来の問題に新規の見方を導入、⑥答えが不確かな場合に問題解決法を改善、⑦創造的販売アイデアの創出であることを示唆した（表3－2参照）[19]。

表3－2　尺度項目の因子負荷量

	完全正規化負荷量			
	研究1		研究2	
	負荷量	t値	負荷量	t値
①革新的方法による販売提案	.79	11.14	.60	8.40
②臨機応変な販売業務の実施	.82	12.28	.65	9.39
③顧客ニーズを満たす新アイデアの考案	.84	10.76	.68	10.01
④従来なかった顧客問題に対し複数の代替案を創出および評価	.65	8.43	.67	9.83
⑤旧来の問題に新規の見方を導入	.72	9.68	.63	8.98
⑥答えが不確かな場合に問題解決法を改善	.66	8.69	.64	9.29
⑦創造的販売アイデアの創出	.71	9.53	.73	10.98
AVE	.55		.43	
クローンバックの α	.89		.84	

（出所）Wang, Netemeyer［2004］p.808。

4．セールスマンの創造性を如何に育むか

4.1　「心の知能指数（EI）」と創造性の関係性

　Lassk および Shepherd は、セールスマンの感情面に関連した要素とされる「心の知能指数（emotional intelligence）」と創造性が相関関係にあることを明らかにした[20]。「心の知能指数」とは、個人の問題解決と社会的関係の広範な多様性を説明する変数であり[21]、「心の知能指数」にはいくつかの理論があるが、代表的なものに「統合モデルアプローチ」がある[22]。ここで「心の知能指数」の定義は、「的確に物事を捉え、称賛し、感情表現する能力：思考を促す際に感覚にアクセスしたり感覚を生み出す能力：相手の感情や感情的認識を理解する能力：そして感情的および知的な成長を促すために感情を調節する能力」とされる[23]。

　また一方で、「心の知能指数」が仕事の満足度と深い結びつきがあることがわかった。「心の知能指数」の高い人間は自身および他人の感情の評価に、より長けており、「心の知能指数」の低い者より意思決定の際、感情を活用し調節している。つまり「心の知能指数」の高いセールスマンは、自身がストレスや不満に出会ったときにそれを認識でき、味わっているストレスに対処するために感情を調節することができるのである。こうした「心の知能指数」のスキルは、顧客との接点であるがゆえに顧客や組織の上司・同僚と関わらなければならないセールスマンにとって不可欠である。よって「心の知能指数」のスキルをうまく使えば、望ましい社会的交流が促され、自身の仕事満足度を上げることができるだろう[24]。

　Sosik と Megerian は、「心の知能指数」の高いマネジャーは、自己意識の高くないマネジャーに比べて仕事の能力が高く、「心の知能指数」と仕事の成績との間に正の相関があることを明らかにした[25]。これによってセールスマンおよびマネジャーの「心の知能指数」が仕事の成果に対して大きなプラスの影響を与えると同時に個々の仕事の満足度とも相関関係にあることが明らかになった（図 3-1 参照）[26]。

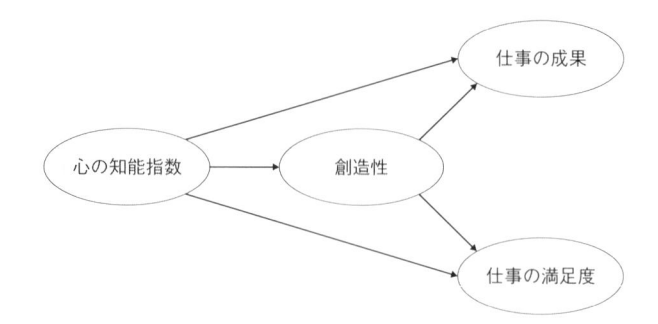

図 3 − 1　販売員の心の知能指数と創造性のモデル

（出所）Lassk, Shepherd［2013］p.27。

4.2　セールスマンの市場志向（MO）が及ぼす創造性へのプラス要因

　顧客価値創造を通じて企業に優れた成果をもたらす市場志向（market-orientation）は、現代のマーケティングの考え方の中核にある[27]。Narver と Slater によれば、市場志向は３つの行動的適応（①顧客志向、②競合対応、③部門間協調）で構成されている[28]。Guenzi と Troilo は、その内の③部門間協調に着目し、顧客の価値創造においてマーケティング部門−セールス部門による部門間協調の重要性を指摘し、両者の有効な関係に向けて価値観や戦略、プロセス、姿勢においてそれぞれが協調することが望ましいと論じている[29]。

　従来の研究では、目標や結果に対する過度な短期的志向はマーケティング−セールスの相互関係の有効性を抑制すると共に、部署間の対立を生み、ビジョンや目標、活動に不整合をもたらすと論じられてきたが、Guenzi と Troilo は、企業が長期戦略を志向することで両者が協調し優れた顧客価値を生み出すことを明らかにした[30]。

　本来、顧客対応能力とはマーケティング部門とセールス部門の共同責任を必然的に意味するものである。実際に、顧客対応管理に関する研究では通常、社内組織が顧客価値創造に向けて一丸となった努力を行うことの必要性を強調しているように、販売プロセスが一個人の能力を超えるときは組織横断チームが必要であり、総合的努力が求められることがある[31]。同様に、管理者やセールスマンなど顧客との接点となる職務にはセールス・マネ

ジャーの重要な責任があるため、マーケティング戦略導入の際にセールス部門が非常に重要な役割を担う場合がある[32]。顧客対応能力においても、優れた顧客価値を生み出す企業の能力は、明らかにマーケティング部門とセールス部門のスタッフが行う意思決定と活動を調整し統合する能力にかかっているといえるだろう[33]。

4.3　セールスマンの市場志向（MO）が及ぼす創造性へのマイナス要因

　一方、Wang と Miao はセールスマンの市場志向と創造性の潜在的抑制要因について「業務の相互依存性」と「成果の相互依存性」の観点から考察を行い、「成果の相互依存性」に顧客志向を阻害する側面があることを明らかにした[34]。「業務の相互依存性」とは、同一部署の販売員が業務を効率的にこなすためにお互いの知識やスキルに依存し合う度合いのことであり、「成果の相互依存性」とはセールスマンの役割や評価、報酬が販売部門の成績に直接結びつく度合いのことを示している[35]。

　Wang と Miao は、検証によって「業務の相互依存性」には何の抑制効果もないが、「成果の相互依存性」はセールスマンによる競合他社対応に対してプラス効果を高める可能性がある一方で、創造性に対する顧客志向のプラス効果を阻害することを明らかにした。その主な要因は顧客情報と競合情報の違いにある。競合情報とはわかりやすく、長続きしないものである。競合他社が何をしているか、あるいはどうしようとしているかに関する情報を基にして競合他社を出し抜くための素早い行動が求められる。競合情報に基づいたイノベーションは抜本的というより漸増的で、差別化よりコスト優位性を追求する傾向がある[36]。

　これに対して、顧客情報とは競合情報に比べ分かりにくく、より深い解釈と分析の時間を必要とする。したがって、成果の相互依存性がセールスマンによる顧客のあまり明確でない潜在的ニーズを十分判断するのに必要な時間を割くことを阻害することから、結果的にセールス部門全体の目標達成を遅れさせ、目先の業績を脅かす可能性がありうる。このように「成果の相互依存性」はセールスマンの創造性に対する顧客志向のプラス効果を弱める可能

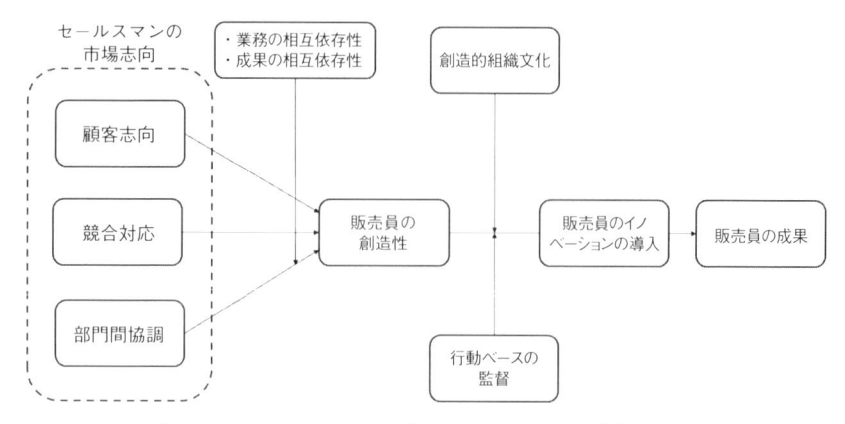

図3-2　セールスマンの市場志向がイノベーションと業績にもたらす効果

（出所）Wang, Miao［2015］p.2375。

性があることが分かった[37]。

　また Wang と Miao は、これらを踏まえ企業がよりセールスとイノベーションの関係性について認識することの重要性を指摘している[38]。従来、販売機能は創造性とイノベーションの源泉とは見なされていないのが一般的で、セールスには通常、正式にイノベーションを果たす役目はなかったが[39]、現実的には、過度に競争の激しい環境のなかで価値を創造している。そのためにはセールス・マネジャーとセールスマンは同様に創造性を発揮し、革新的プロセスを導入することを頻繁に求められる。よって企業は、セールスマンが顧客と市場に接しているだけに製品の改良を促す重大な役割を果たすことを認識した上で、現場のセールスマンの革新的アイデアに耳を傾けることの重要性を説いた[40]。図3-2は、セールスマンの市場志向がイノベーションと業績にもたらす効果について示している。

5．セールスマンの創造性研究の貢献と課題

　これまで日本の営業研究は、データベース営業、プロセス管理、チーム営業など営業担当者の知識や活動を可視化、共有することで従来の個人型営業から組織型営業への転換を示唆したが、現場の営業担当者の創造性について

はあまり触れられてこなかった。

　しかし創造性研究によって、企業が競争優位性を築き、優れた成果をあげる上で、セールスマンの創造性（イノベーション、顧客価値創造）が重要な役割を果たしていることが明らかになった[41]。またセールスマンの創造性が経営的に重要な意義を持つだけでなく、経営者が顧客と密接な関係にあるセールスマンに「どう製品を位置付けし、販売するのが最も良いかについて創造的に考え、自ら意思決定することができる権限」を与えることの重要性を示唆しているといえる[42]。さらにセールスマンの市場志向が与えるプラス要因とマイナス要因を明らかにしたことで、セールスマンの創造性が創造的組織文化の下で有効に機能し、仕事の成果に大きな影響をもたらしていることが分かった。

　一方で課題点もあることが分かった。それは組織として如何にしてアイデアを実現するのかという問題が議論されていない点である。ドラッカーは、『マネジメント』の「創造性という幻想」において、個人のパーソナリティとしての創造性ではなく、マネジメントによる創造性の重要性を強調している。昔ながらのスローガンで「ひとりひとりの創造性を活かそう」等といわれているが、その根拠は存在せず、基本的なツールが提供されないかぎり、創造性は効果を発揮しないものであると論じている。要するに創造性とは分析や知識の代わりにはならないのである[43]。

　またレビットは、『アイデアマンの大罪』において、創造性を礼賛する人々はアイデアばかりに焦点をあて、成果をあげるためのプロセスを軽視していると指摘した。そもそも着想（アイデアの創造）とイノベーション（実現）は異なる。画期的なアイデアが生かされないまま何年も放置されるのは、アイデアを生み出すという意味の創造性ではなく、イノベーションすなわちアイデアを具体化する営みが欠けていると指摘する[44]。

　我々の最終目標はセールスマン個人の創造性で留まるものではなく実際に成果をあげることにある。あくまでも創造性やアイデアは一通過点でしかない。またセールスマンの創造性研究の歴史は浅く、現時点での研究データは断面的で便宜的サンプルによるため予備的な位置づけとされることから、よ

り多様な実務家との理論的かつ実証的な検証が必要であるだろう。今後求められるのは、セールスマンという個人を対象とした創造性の問題から、組織としてそれらを如何にマネジメントし成果につなげてゆくのかについてのより深い議論であろう。

おわりに

これまで米国のセールスマンの創造性に関する研究を概観した。米国でこのような議論が進んだ背景には、日米における仕事の捉え方の違いがあると考えられる。通常米国では、Job Description（職務記述書）[45] によって事前に詳細の業務範囲、業務の進め方などが明確に定義されているが、日本ではこれに相当するものをもつ企業はほとんどない。よって仕事の範囲が曖昧で、顧客の要求に臨機応変に動くことが求められる日本の営業とは違い、米国のセールスマンが創造性を発揮するには Job Description という領域から外れたより広い視点からセールスを捉える必要性があったからではないだろうか。

本章では、米国の創造性研究が社会心理学から誕生しどのように経営・ビジネスに展開されてきたのか、そしてセールスマンの創造性が如何に定義されどのような意義を持っているのかを考察すると共に、セールスマンの創造性に影響を与えるとされる心の知能指数（EI）や市場志向（MO）との関係性を明らかにした。今日ビジネス市場において営業は、単なる販売活動でなく、様々な知識をつかって価値を生み出す中核的存在になりつつある。顧客からの情報収集や製品開発、顧客との組織間関係を形成する上でセールスマンの創造性が重要な要素であることを示唆している。特に昨今のように顧客ニーズが多様化し変化が激しい市場においては、セールスマンの創造性が大きな強みとなるだろう。

しかしながら、セールスマンの創造性研究の課題は、アイデアを如何に実現し成果につなげていくのかについて十分議論されていない点にある。また、研究対象がセールスマン個人のため、組織としての営業についてはほとんど議論されていない。つまり、セールスマンの創造性によって見出された

顧客価値が組織内及び組織間関係を通じて如何に実現されていくかという過程については充分に論じられていない。

　個々人が創造性によって如何に優れたアイデアや知識を生み出しても、それが必ずしも成果に結びつくとは限らない。ドラッカーはこの点について誰よりも自覚的であった。ドラッカーは仕事の成果に主として"質的な"ものを求められる仕事を知識労働と規定した。そして、知識労働の生産性を高めるにはあくまで「成果」に焦点を合わせなければならないとしている[46]。

　ここにおいて、組織が営業活動によって成果をあげるためには、営業担当者個人の創造性を成果に結びつける仕組みを如何に作り上げるかが重要となっていることが分かる。言い換えれば、営業活動を知識労働として、営業担当者を知識労働者として位置づけ、それを如何にマネジメントするかが求められている。これを踏まえて、次章では営業研究の基礎にドラッカーの知識労働の概念を置くことによって、営業活動を通じた顧客創造の理論的フレームワークの構築を行うこととする。

1)　Amabile［1983a］p.358。
2)　Amabile［1983b］, Nickerson［1999］pp.392 – 430。
3)　Wang, Netemeyer［2004］p.805。
4)　Pullins, Strutton, Pentina［2012］pp.73 – 86。
5)　Williams, Yang［1999］参照。
6)　Pullins, Strutton, Pentina［2012］pp.73 – 86。
7)　Eliashberg, Lilien, Kim［1995］pp.647 – 660。
8)　Amabile［1988］pp.23 – 167。
9)　Pullins, Strutton, Pentina［2012］pp.73 – 86。
10)　Pullins, Strutton, Pentina［2012］pp.73 – 86。
11)　Wang, Netemeyer［2004］pp.805 – 812。
12)　三浦［1967］p.50。三浦は「創造的販売（creative selling）」とは顧客がどのように自己とその環境を知覚するか、またその知覚がどのようにその行動に影響するかといった点の認識から出発しなければならないと指摘している。
13)　Pullins, Strutton, Pentina［2012］pp.73 – 86。
14)　Moncrief, Marshall［2005］pp.13 – 22。
15)　Strutton［2009］pp.31 – 43。
16)　Pullins, Strutton, Pentina［2012］pp.73 – 86。

17） Wang, Netemeyer ［2004］ pp.805 – 812。

18） Wang, Netemeyer ［2004］ pp.805 – 812。

19） Wang, Netemeyer ［2004］ pp.805 – 812。

20） Lassk, Shepherd ［2013］ pp.25 – 37。

21） Mayer, Salovey, Caruso ［2008］ pp.503 – 517。

22） Mayer, Roberts, Barsade ［2008］ pp.507 – 516。

23） Mayer, Salovey ［1997］ p.35。

24） Kafetsios, Zampetakis ［2008］ pp.712 – 722。

25） Sosik, Megerian ［1999］ pp.367 – 390。

26） Lassk, Shepherd ［2013］ pp.25 – 37。

27） Kohli, Jaworski ［1990］ pp.1 – 18。

28） Narver, Slater ［1990］ pp.20 – 35。

29） Guenzi, Troilo ［2007］ pp.98 – 107。

30） Guenzi, Troilo ［2007］ pp.98 – 107。

31） Workman, Homburg, Jensen ［2003］ pp.3 – 21。

32） Weitz, Bradford ［1999］ pp.241 – 254。

33） Guenzi, Troilo ［2007］ pp.98 – 107。

34） Wang, Miao ［2015］ pp.2374 – 2382。

35） Menguc, Auh, Uslu ［2013］ pp.19 – 39。

36） Changdy, Tellis ［2000］ pp.1 – 17。

37） Wang, Miao ［2015］ pp.2374 – 2382。

38） Wang, Miao ［2015］ pp.2374 – 2382。

39） Judson, Schoenbachler ［2006］ pp.194 – 202。

40） Wang, Miao ［2015］ pp.2374 – 2382。

41） Wang, Miao ［2015］ pp.2374 – 2382。

42） Wang, Netemeyer ［2004］ pp.805 – 812。

43） Drucker ［1974］ pp.267 – 268。

44） Levitt ［1963］ pp.72 – 83。

45） 渡辺 ［2015］ p.44。

46） Drucker ［1992］ pp.79 – 95。

第4章

営業による顧客創造についての
ドラッカー的アプローチ

　第1章から第3章にかけて米国のマーケティング理論におけるセールスフォース・マネジメントの議論から、人的販売論、販売管理論では販売領域に限定していることから、顧客との組織間関係といった全体が掴めないという課題を明らかにした。これを踏まえ、日本の営業研究の特徴と、組織型営業に向けた高嶋の「営業プロセス・イノベーション」が抱える営業担当者の価値創造に関する課題を明らかにした。そして米国セールスマンの創造性研究の考察から、組織として営業を通じて如何に成果をあげるのかという課題に対して、筆者は営業研究の基礎に知識労働の概念を置くことが必要であると考えている。よって本章では、ドラッカー理論を活用しながら顧客創造の理論的フレームワークを提示し、それぞれの要素について考察を行う。

1．知識労働の生産性

　先進国を中心に経済の基盤は肉体労働から知識労働へ移行し、知識によって価値を創造する知識労働者が主要な存在となった。これにより、従来マネジメント上の意思決定はトップマネジメントのごく数人によって行われ、他の人間はその意思決定の内容を実行するだけに過ぎなかったが、今日では中小企業ですら技能や体力ではなく自らの知識を仕事に適応する知識労働者によって成り立っている[1]。知識労働の生産性に関する問題は、国・産業・企業の競争力にとって、ますます決定的な要因となり、競争の中で優位に立てるか否かは、誰もが手に入れられる知識からどれだけ多くのものを引き出せるかであり、特に先進国にとって知識労働者の生産性が勝負を分ける鍵とな

りつつある。これまでの肉体労働で重視されていたのは仕事の仕方であるのに対し、知識労働では仕事の目的が重要となってくる。つまり知識労働者は、自らがなすべきことは上司ではなく知識によって、人によってではなく目的によって規定されるべきことを要求する。権限ではなく、成果が中心である組織を必要とする。しかし、現実的には知識労働者も上司を必要とする。最終的な意思決定権と責任の所在を明らかにする組織構造を必要とするのである [2]。

　知識労働者は 2 つの方法で情報を入手する。その 1 つがデータベース、インターネット、出版物、教育講座などの人に頼らない情報源である。そして、さらに重要となるのが社内外のソーシャルネットワークの利用である。知識労働者は、常に人に頼って情報を入手し、自分の業務の進め方の参考にしている。優秀な知識労働者は、ネットワーク内の優秀な専門家のことも、小グループや少数派のこともよく知っている。これはつまり、機会があったときや問題が起こったときにいち早く支援を得られるということを意味しており、知識労働者にとって重要な資産ともいえる。また知識労働者は、集めた知識をただ蓄積するだけでなく仕事に積極的に応用する。知識の応用、つまり頭脳で知識を選別し、業務に応用する過程である。営業の場合、知識の創造をある程度含んでいるものの、それが主な目的ではなく、仕事で活動し成果をあげることが目的となる。したがって企業は多くの場合、営業の知識労働に、新たな知識の創造ではなく既存の知識の応用を期待する。知識の応用において最も有効なのは、知識を効果的に再利用し改善することである [3]。

　しかし知識労働の生産性に関して、何をもって「アウトプット」とするかは難しい。それは、単純に経済全般にわたる生産性を数値化する方式つまり労働の成果の総計（アウトプット）を労働と資本の総計（インプット）で割っただけでは実態を測ることは困難だからである。ダベンポートは、知識労働の成果について「パフォーマンス」や「実績」などが有効であると主張する。なぜならば、これらには生産性に加えて品質・効率・効果も含まれているからである。さらに知識労働者の質を評価する場合、主観的にはなるが対象とする知識労働者と同じ専門分野の人達を選び、彼らに評価させることが

有効といえる[4]。

　ドラッカーは、知識労働者の生産性を向上させる 6 つの条件を挙げている。知識労働者の生産性を上げるには、行うべき仕事の内容を明らかにし、その仕事に集中させ、その他のことを全て、あるいは少なくとも可能な限りなくしてしまうことが必要であるという[5]。ただし、知識労働のマネジメントで注意すべきは、全ての知識労働者を画一的に扱ってはならないという点である。知識労働者といっても様々であり、属している業界や置かれている状況、役職や仕事上の役割などによっても大きく異なる。したがって知識労働者間の違いと、タイプ別の特徴と取り扱い方について管理を試みる前に知っておかないと深刻な間違いを犯してしまう可能性がある[6]。また、知識労働のプロセス化においても、自律性や専門性の高い知識労働者は、ある程度の型にはめるべきではあるが、度が過ぎてはならない[7]。

〈知識労働の生産性向上の条件〉

　①仕事の目的を考える。

　②働く者自身が生産性向上の責任を負う。自らをマネジメントする。
　　自律性を持つ。

　③継続してイノベーションを行う。

　④自ら継続して学び、人に教える。

　⑤知識労働の生産性は、量より質の問題であることを理解する。

　⑥知識労働者は、組織にとってコストではなく資本財であることを理解する。
　　知識労働者自身が組織のために働くことを欲する。

2．顧客創造の理論的フレームワーク

　ドラッカーは 1954 年『現代の経営』において企業の真の目的は利潤追求ではなく、顧客の創造（to create customers）であるとし、その上で、企業の基本的機能としてマーケティングとイノベーションの 2 つを挙げている。マーケティングは、顧客の欲求を満たす諸活動であり、その欲求が何かを知

り、それに応えるような財あるいはサービスを具体的に設計し、つくりださなければならない。そして、顧客にそれらを知らせなければならない。だが、マーケティングだけでは企業は成立しない。顕在的ニーズに対応するだけではなく、いままでと違った新たな価値を提供し、顧客を創造しなければならない。イノベーションは、絶えずより良い、より経済的な生産物・サービスを追求しなければならない。この質的向上の努力こそが革新活動に他ならない[8]。

したがって本研究では、このドラッカー理論を活用し知識労働者のマネジメントを目的とした営業による顧客創造の理論的フレームワークを以下の通り示す。本フレームワークは、「組織による顧客志向の実践」、「イノベーション機会の発見」、「マーケティングによる顧客創造」の３つから成る。

第１にドラッカーのマネジメントの出発点となるのが「顧客志向」の概念である。ドラッカーが顧客志向の重要性を説いたのは、1954年『現代の経営』であり、企業の目的と使命を定義するとき、顧客を出発点とすることの重要性をここで主張している[9]。専門性の高い知識労働者にとって、自らのミッションを定義することは重要な問題であり、それによって如何に考え、如何に意思決定し、如何に行動するのかが決まってくる。営業の場合、例えば自らのミッションを販売とするか、顧客の価値創造とするかによって、仕事そのものが変わり、成果の内容も大きく異なってくるだろう。

第２に知識を仕事に適応する上で重要な要素となるのが「イノベーション機会の発見」である。知識の生産性を上げるには、「変化の機会」を捉え体系的に利用することが必要であり、機会は知識労働者の能力と強みに合わせて利用されなければならない[10]。顧客に最も近い存在である営業担当者は、日常の営業活動を通じて、市場や顧客がどのように変化しているのかを客観的に分析することが重要な仕事となってくる。そして、その変化を脅威として捉えるのではなく機会として捉えることで新たな潜在需要の発掘を図る。

第３の「マーケティングによる顧客創造」は、機会を起点としたイノベーションの具現化である。知識の結合は、必要とされる知識や情報の体系的な分析と共に、問題に取り組む手順の編成に関わる方法論が必要となってく

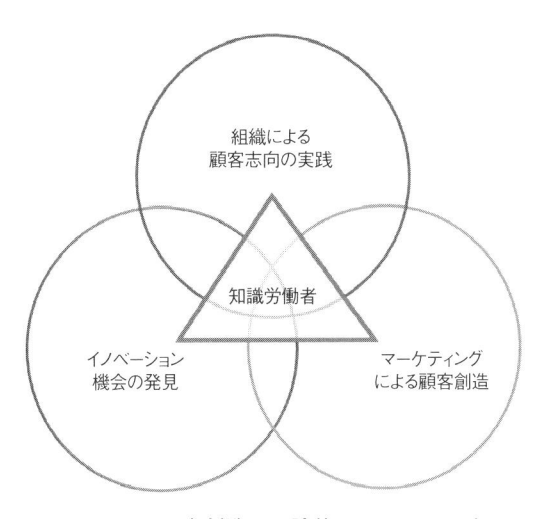

図4-1　顧客創造の理論的フレームワーク

（出所）著者作成。

る。言い換えれば、知識に特化することによって潜在的な可能性を具体的な成果へと転化するための方法論、体系、手順を持たなければならない。もしそれがなければ、利用しうる知識のほとんどが生産的とはならないだけでなく、単なる情報に過ぎない[11]。優秀な営業担当者は、顧客の企業価値が向上するような提案活動に注力している。顧客にとっての価値が何かを見極め、顧客が抱える課題や問題に対して、様々な組織や技術・サービスなどを組み合わせながら、新たな価値創出を図ることで顧客の企業価値向上に貢献しなければならない。図4-1は、以上で説明した顧客創造の理論的フレームワークを示している。

3．組織による顧客志向の実践

　1954年、ドラッカーの『現代の経営』では、マーケティングの規定について「財やサービスを市場で売ること」としたが、それが生産まで遡っていき、20年後に著された『マネジメント』では「販売からマーケティングへ」の箇所が新たに追加された[12]。これまでマーケティングは、販売に関係す

る全職能の遂行を意味するに過ぎなかったが、今やマーケティングは、顧客の人口構造、顧客の現実、顧客のニーズ、顧客の価値からスタートしたように、顧客からスタートする。「われわれは何を売りたいか」ではなく、「顧客は何を買いたいか」を考える。顧客が見つけようとし、価値ありとし、必要としている満足こそがマーケティングなのである [13]。

　しかし、ドラッカーによれば企業は顧客志向の重要性を認識しながらも、実際の市場では顧客との間に「ズレ」が生じてしまっていると指摘している。『現代の経営』では「40 年もマーケティングが説かれ、教えられ、信奉されながら、それを実行するものがあまりに少ない」と述べている [14]。またコトラーも、マーケティング・コンセプトを実行している企業は極めて少なく、優れたマーケターとして名を馳せているのはほんの一握りの企業に過ぎないと指摘している [15]。それはなぜなのだろうか。三浦は、ドラッカーがいともたやすそうに語る顧客ニーズを知ることは、特に現代において難しいと指摘する。われわれは貧困や物不足に直面しているとき、消費者のニーズは明らかである。空腹であれば食べ物が必要であり、住むところがなければ住居が必要である。しかし、社会がそれなりに豊かで物があふれているとき、消費者のニーズを知ることは困難であると論じている [16]。

　なぜ企業にマーケティング志向が定着しないのだろうか。第 1 の要因は、マーケティングが価値創造を目的としているにもかかわらず、利益目的を優先してしまう企業の体質にあるといえる。本来価値創造が利益に繋がって初めて企業の継続性が認められる。よっていくら利益追求を目指しても、そこからの新たな価値創造は困難といえるだろう。

　第 2 にコミュニケーションの問題がある。重要なのはコミュニケーションの主体は受け手であり、受け手はコミュニケーション全体を知覚する必要がある。知覚範囲とは、受け手の野心や理念など生理学的なものであり、人間としての物理的限界によって規定されるが、これは身体的要因ではなく文化的・心理的要因が何より重要な制約となる [17]。よってコミュニケーションが成立するには、メッセージを相手が受け止め、心を動かすことが決定的に重要であり、これは個人に対しても組織に対しても同様のことがいえる。

　したがってリーダーがはじめに行うべきは、自らの組織のミッションを考え抜き、定義することである。如何なるミッションが有効であって如何なるミッションが無効であるか、そしてミッションは何かを考えなければならない。ミッションの価値は文章の美しさにあるのではなく、正しい行動をもたらすことにある。ドラッカーが病院の事例を取り上げ「われわれのミッションは患者を安心させることである」と述べたように、ミッションは行動本位でなければならず、さもなければ単なる意図に終わる。ミッションは組織に働く者全員が自らの貢献を知りうるようにするものでなければならない[18]。

　また、知識労働者は自ら方向づけや管理、動機づけを行うことから、マネジャーは彼らに対して如何なる成果と業績が求められているかを伝えなければならない[19]。ドラッカーは知識労働者の貢献について次のように論じている。「貢献に焦点を合わせることによって、自らの狭い専門やスキルや部門ではなく、組織全体の成果に注意を向けるようになる。成果が存在する唯一の場所である外の世界に注意を向ける。自らの専門やスキルや部門と、組織全体の目的との関係について徹底的に考えざるを得なくなる。政策にせよ、医療サービスにせよ、自らの組織の産出物の究極の目的である顧客や患者からの物事を考えざるを得なくなる。その結果、仕事や仕事の仕方が大きく変わってくる」[20]。

　営業の場合、まず顧客のニーズに耳を傾けなければならない。ただし、ドラッカーの言う「顧客の創造」とは決して「顧客至上主義」ではない。顧客の声に耳を傾けるのは当然だが、そこで自分を見失う危険性をドラッカーは指摘している[21]。したがってトップは、組織全体のミッションを共有させることにより、従業員に将来的な顧客の価値に焦点を当て、組織に対する貢献を重視することを認識させなければならない。特に生産財企業では、顧客よりも技術志向が強くなってしまい、プロダクト・アウト的な発想を持つ企業が多い。企業にとってマーケティング・コンセプトの実行は、顧客とのコミュニケーション活動であり、その入り口となる営業部門の果たす役割は大きいといえる。

4. イノベーション機会の発見

　シュンペーターは、『経済発展の理論』のなかで、後にイノベーションと呼ばれることになるものを、「新結合の遂行」と定義し、5つの新結合として「新しい財貨」、「新しい生産方法」、「新しい販路の開拓」、「新しい供給源の獲得」、「新しい組織の実現」を挙げた[22]。ドラッカーは、このシュンペーターの理論を踏まえイノベーション概念とは技術というよりも経済や社会に関わる用語であり、供給に関わる概念よりもむしろ需要に関わる概念、つまり消費者が資源から得られる価値や満足を変えることと定義した[23]。

　ドラッカーはイノベーションと変化について次のように論じている。「変化とは既に起こった変化や起こりつつある変化である。成功したイノベーションの圧倒的に多くが、そのような変化を利用している。イノベーションの中にはそれ自体が大きな変化である場合もあるが、実際に成功したイノベーションのほとんどが平凡である。単に変化を利用したものに過ぎない。したがってイノベーションの体系とは、具体的、処方的な体系である。即ちそれは変化に関わる方法論、企業家的な機会を提供してくれる典型的な変化を体系的に調べる方法論である」[24]。

　またドラッカーはイノベーションについて次のように論じている。「企業において、イノベーションを職能の1つとみることはできない。それは技術や研究に留まることなく、あらゆる部門と活動に及ぶ。体系的なイノベーションのための組織構造としては、イノベーションは1つの職能ではなく、あらゆる事業活動の一側面として組織すべきである。あらゆる部門がイノベーションに責任を持ち、イノベーション上の明確な目標をもつ必要がある。あらゆる部門が自ら供給する財とサービスのイノベーションへの貢献に責任を持たなければならない。イノベーションとは、人的資源や物的資源に対し、より大きな富を生み出す新しい能力をもたらすことである」[25]。つまり企業の技術部門や開発部門だけが組織のイノベーションに対して責任を持つのではなく、営業部門などのホワイトカラーにもイノベーションへの責任

があるのである。ある変化を機会として捉えるか否かは企業の成果に大きな影響を与えるものとなる。ドラッカーは、『イノベーションと企業家精神』においてイノベーションのための 7 つの機会を提示している[26]。

〈イノベーションの 7 つの機会〉
　　第 1 の機会：予期せぬ成功と失敗を利用する
　　第 2 の機会：ギャップを探す
　　第 3 の機会：ニーズを見付ける
　　第 4 の機会：産業構造の変化を知る
　　第 5 の機会：人口構造の変化に着目する
　　第 6 の機会：認識の変化を捉える
　　第 7 の機会：新しい知識を活用する

　本章では、7 つの機会のうち営業活動に関わりの深い「ギャップを探す」、「ニーズを見付ける」について考察を行う。ギャップとは、現実にあるものと、あるべきものとの乖離、あるいは誰もがそうあるべきとしているものとの乖離を意味する。ドラッカーは、この不一致を断層に見立て、「断層はイノベーションへの招待である。断層では、経済構造や社会構造に変化をもたらす不安定な状態」[27] と説明している。つまりギャップが既に起こった変化や起こりうる変化の兆候であると論じている。

　ギャップの種類には、①業績ギャップ、②認識ギャップ、③価値観ギャップ、④プロセス・ギャップの 4 つがある。業績ギャップとは、製品やサービスの需要が伸びているにもかかわらず、業績が伸びていない状態、つまり製品と顧客との接合点の問題である。認識ギャップは、内部の者が物事を見誤り、現実について誤った認識をもつとき、その努力は誤った方向に向かう。成果を期待できない分野に集中する場合である[28]。価値観ギャップとは、顧客の目的と企業が提供しようとする価値との間にギャップが存在している状態をいう。それは売り手が、顧客の本当に買っているものが何であるかを誤解している[29]。プロセス・ギャップは、顧客は既に感じてはいるものの、

それらの声に耳を傾け真剣に取り上げることができていない部分である[30]。つまり、顧客の仕事のサイクルの中で困っている点や不安な点においてイノベーション機会を見出すことができるのである。

　顧客ニーズは、①プロセス上のニーズ、②労働力上のニーズ、③知識上のニーズの3つに分類される。ギャップは既に存在するイノベーション機会であるのに対し、ニーズは未だ存在していないために自ら知覚発見によって顕在化させなければならない[31]。ドラッカーによれば、「イノベーション機会としてのプロセス上のニーズの利用は、他のイノベーションとは異なり、状況からスタートすることはない。課題からスタートする。状況中心ではなく課題中心である。それは知的発見によって、既に存在するプロセスの弱みや欠落を補うためのイノベーションである。誰もがニーズを知っている。しかし誰も手をつけていない。ひとたびイノベーションを行うや、直ちに受け入れられ、標準として普及していく」[32]と論じている。

　さらにドラッカーは、企業家精神の重要性について次のように述べている。「企業は変化していかなければならない。何事があろうとも大きく変化していかなければならない。この壮大な転換期において、社会の安定を確実なものにするには、既存の企業が生き残り繁栄する術を学ぶ必要がある。そのためには企業家として成功するための方法を学ばなければならない」[33]。そして、企業家精神は生まれつきのものではなく、創造でもなく、仕事であるとし、企業家精神の4つの条件を挙げている[34]。

　1つ目の条件は、イノベーションを受け入れ、変化を脅威ではなく機会とみなす組織をつくらなければならないことである。そのためには、企業家的な環境を整えるための経営政策と具体的な方策を実践しなければならない。企業が企業家精神を発揮するには、自らの製品とサービスが競争相手によって陳腐化させられるのを待つのではなく、自ら進んで陳腐化させていかなければならない。新しい事業の中に、脅威ではなく機会を見出すようマネジメントしなければならない。これによって組織全体に企業家的なものの見方、イノベーションへの受容性、さらには新しいものへの貪欲さが浸透することになる[35]。

　2つ目の条件は、イノベーションの成果を体系的に測定または評価しなければならない点である。企業が企業家精神を発揮するには、企業自らの業績評価にイノベーションの成果についての評価を組み込まなければならない。中でも重要な問いは、イノベーションにおいてリーダーシップをとっているかどうかである。リーダーシップを維持しているかどうかである。従わされるのではなく先頭に立つことである。これこそ既存の企業の企業家精神に関わる最も重要な基準である[36]。

　3つ目の条件は、組織、人事、報酬について特別の措置を講じなければならないという点である。イノベーションを行うのは技術ではなく人である。人は組織の中で働く。したがってイノベーションを行うには、そこに働く1人ひとりが企業家になるための構造が必要である。企業家精神を中心に諸々の関係を構築しなければならない[37]。

　4つ目の条件は、いくつかのタブーを理解し、行ってはならないことを知らなければならない点である。中でもドラッカーが強調するのは、管理的な部門と企業家的な部門を一緒にすることである。企業家的な部門を既存の管理的な部門（マネジャー）のもとに置いてはならない。既存の事業の運営、利用、最適化を担当している人たちにイノベーションを任せてはならない。既存の原理や方法を変えることなく、企業家的たろうとしても到底無理であり、失敗は必至である。片手間に企業家的たろうとしてもうまくいかない[38]。大企業が企業家として成功するのは、多くの場合、自らの人材によって新しい事業を手掛けたときである。お互いに理解し合える人たち、信頼し合える人たち、仕事の進め方を知っている人たち、パートナーを組める人たちと仕事をしたときである[39]。

　既存の企業がイノベーションを行うことができるのは、市場や技術について卓越した能力をもつ分野である。特に多角化は、市場や技術について既存の事業との共通性がない限りうまくいかない。また、ベンチャーを買収することによって企業家的になることも困難である。企業家的なマネジメントは自らの組織に構築しなければならない[40]。

5. マーケティングによる顧客創造

ドラッカーによれば、知識労働者のアウトプットとは、他の知識労働者のアウトプットと統合されてはじめて成果となるため、知識労働者は自らの産出物たる断片的なものを生産的な存在にするために、何を知り、何を理解し、誰に利用してもらうかを考えなければならないと述べている[41]。ダベンポートは、優秀な知識労働者が一貫して行う一連の行動パターンとして、知識を基礎としたコミュニティの構築に注目している。彼らは、まず自分自身の専門能力を更新し、新たに必要となる能力を獲得するために、何らかの活動に加わる。次に強い意志をもって積極的に周囲との関係を構築・維持・強化する。その結果、効果的に周りから情報を収集できるようになり、周りもより頻繁に様々な機会をもたらしてくれる。コミュニティに属する目的は、知識の共有とソーシャル的な付き合いであり、知識労働者はこうしたコミュニティをつくることが仕事となる。そこでメンバー間の知識とソーシャル・キャピタルの交換を支援し、促進し、必要に応じてコミュニティどうしをオーバーラップさせる。優秀な知識労働者は、自身が「満足できる」情報管理環境を維持することに長けており、これによってスムーズに情報量を制御・管理し、重要な情報から優先的に利用できるようになる[42]。

ドラッカーは、イノベーションを目的とした組織のあり方として、チーム型組織の有効性について述べている。チームとは、様々な経歴、技能、知識を持った人材を多彩な組織から集め力を合わせながら具体的な職務を遂行させる仕組みであり、それぞれの技能や知識をもとにチームに貢献する。したがって各人のマルチ化を意味しているわけではない。ただし全体が、自分の仕事だけでなく、チーム全体の活動ぶりと成果に責任を負うのである。すべてはチーム単位で捉えられる。チーム組織のメリットは、全員がチーム全体の仕事が何であるかを常に心得、それに責任を負うため、新しい発想や方法も抵抗なく受け入れるなど順応性も高いことが特徴である[43]。

また「チームで生み出す創造的な成果」といったものは、自身の強み、価

値観、生きがいと深くつながっている。決して「得意なことだけをやらせるべき（やるべき）」というのではない。ここでいう「強み」とはもって生まれた、あるいは成長過程で身につけてきたその人特有の気質（資質）を示している。変化が激しく多様性に富むような環境下においては、人の「強み」こそが、独創的な発想や他社のまねしにくい魅力的な商品・サービスにつながるのである。どのようなイノベーションも、個々のメンバーが持つ知識や専門知識、経験といった「強み」から始まるものである[44]。ただし、弱みを気にしてはならない。弱みからは何も生まれない。ドラッカーは、弱みに配慮してチーム（組織）をつくったとしても、結果的に平凡な組織に終わると論じている。完全な人間、強みだけを持つ人は存在せず、かならず強みと弱みを持っている。したがって、マネジャーはその人の仕事ぶりや話し方から強みを探し、その強みを生かそうとしなければ、できないこと、欠陥、弱み、障害だけを手にすることになる。

　また「強み」を生かすということは成果をあげるということである。成果をあげるためには「何が非常によくできるのか」を考えなければならない。特に人事では1つの重要な分野における卓越性を求めなければならない。また実績を持つ者には、機会を与えなければならない。成果をあげるうえで、重要となるのは上記で述べた気質（資質）の部分である。自らが得意であると知っていることを、自らの得意な方法で行うことによって成果をあげるのである。つまり強みを生かすことは、行動であるだけでなく姿勢でもある。そして、人間集団の基準というものはリーダーの仕事ぶりによって決定される。リーダーこそ強みに基づいて仕事をしなければならない[45]。

　チームの多様性を創造性につなげるには仲介役が不可欠となる。ドラッカーは、『マネジメント』でマネジャーの役割としてプロフェッショナル間をつなぐ仲介役の機能に注目している。プロフェッショナルにとっては、専門分野の知識や専門性と、組織全体の業績や結果との関係が大きな頭痛の種となる。このため、コミュニケーションが難題として立ちはだかる。自分の成果（アイデアや情報）が他の人々に利用されない限り、効果的な仕事などしようがない。そこでマネジャー（もしくはチームのリーダー）は、組織の目

標を知識労働者たちに通じる言葉に翻訳し、知識労働者の仕事の成果を利用者に分かる言葉に置き換えなければならない。つまり、知識労働者が自分の仕事の成果を他のメンバーの仕事と結びつけるためにはマネジャーに頼ることになるのである。しかし、知識労働者が良い仕事をするにはマネジャーが必要ではあるが、マネジャーは上司ではない。むしろ「水先案内人」、「スポークスマン」、「マーケター」なのだ。マネジャーは、プロフェッショナル、とりわけ生粋のスペシャリストにとって、自分の知識、仕事、能力などを組織全体の結果へとつなげるための、そしてまた、組織のニーズ、力量、機会などを探り出すための媒介役なのである [46]。

　ドラッカーが提唱した企業家戦略の内、イノベーションを戦略とする顧客創造戦略について考察する。顧客創造戦略とは、既存の製品やサービスを新しい何かに変えることを意味する。効用や価値、あるいは経済的な特性を変化させる。物理的には、如何なる変化も起こさないが、経済的にはまったく新しい価値を創造するのである。①効用戦略、②価格戦略、③事情戦略、④価値戦略の４つに分類される。①効用戦略とは、価格やハイテク・特許も関係なく顧客が目的を達成する上で必要なサービスを提供することである。顧客のニーズに焦点をあて顧客にとって「真のサービスは何か」、「真の効用は何か」を追求することである。②価格戦略とは、売り手が値段をつけるのではなく顧客が値段をつける。③事情戦略とは、顧客の抱える様々な事情（資金調達、メンテナンスなど企業活動全般に関する諸問題）を考慮し適応することである。イノベーションのための戦略は、それらの事実が顧客に関わりを持つ限り不可避な事実として認めることから始まる。顧客が買うのはそれが何であれ顧客の事情に合ったものである。例えば、分割払いやリースなども顧客の事情から生まれたものである。④価値戦略とは、売り手にとっての製品ではなく、顧客にとっての価値を提供するものであり、顧客の事業を顧客のニーズの一部として受け入れるという事情戦略の延長線上にある。ドラッカーは、椅子メーカーの事例を取り上げている。同社は、他社がオリジナルの椅子に進出してくると、一般企業や病院のオフィス内設備一式を売ることで大きな成功を収めた。さらに、施設マネジメント研究所を設立し、仕事の

流れ、生産性、労働環境、コストの観点から、オフィスのレイアウトとオフィス機器に関するアドバイスまでを売るようになったのである。同社は顧客にとっての価値が仕事の志気や生産性であることを明確に捉えている。これらは、いわば製品からシステムへの移行というべきものである [47]。

　営業部門は、顧客にとっての効用、顧客にとっての価格、顧客にとっての事情、顧客にとっての価値が何なのかを明確にすることが重要な仕事となる。レビットは、1960 年『マーケティング近視眼』において、マーケティングの本質について「事業を製品やサービス中心ではなく顧客中心の視点」の重要性を指摘し、企業は製品の物質としての性能を越える視点から顧客の欲求を分析しなければならないことを強調している。顧客が買うのは、物質としての製品ではなくて、それが与えてくれる"効用"であり、広い概念で「製品」を考えることが、単に競争の上で賢明だというだけではなくて、実体を正しく捉えることが重要であると論じている [48]。

おわりに

　本研究ではセールスフォース・マネジメント、日本の営業プロセス・イノベーション、米国セールスマンの創造性研究の意義と課題を考察し、組織としての顧客価値創造に向けた営業のマネジメントのあり方について論じてきた。特に本章では、知識労働の生産性に関する問題について考察すると共に、顧客創造の理論的フレームワークを提示し、その構成要素である「組織による顧客志向の実践」、「イノベーション機会の発見」、「マーケティングによる顧客創造」の 3 つについて考察を行った。

　「組織による顧客志向の実践」では、顧客志向の重要性と困難性についてコミュニケーションの視点から考察を行った。「イノベーション機会の発見」では、市場や顧客の変化から如何にチャンスを見出すか、知覚の問題を踏まえドラッカーによる 7 つのイノベーション機会から「ギャップを探す」、「ニーズを見付ける」について考察を行い、企業家精神の重要性について述べた。最後に「マーケティングによる顧客創造」では、4 つの顧客創造戦略

として「効用戦略」、「価格戦略」、「事情戦略」、「価値戦略」の考察を通じて、営業と知識労働とが密接な関係であると共に、知識労働者が成果（顧客価値の創造）をあげる上で重要となる要素が何であるかを明らかにした。

これまでの文献レビューでは、3つの理論的画期が存在している。第1の画期は、1920年代を中心に始まった人的販売論や販売管理論をベースとしたマーケティング理論におけるセールスフォース・マネジメント研究である。だが、販売管理という限定した領域だけでは顧客との製品開発や関係構築といった営業の全体像を捉えていないという課題が残された。第2の画期は、1990年代半ばから登場した日本の営業研究である。営業にITを取り入れることで、組織を主体とした営業活動を展開し、顧客との長期的かつ組織的な関係構築を目指した。その代表とされる高嶋の『営業プロセス・イノベーション』は「データベース営業」、「プロセス管理」、「チーム営業」の3つの革新的活動を提唱し、従来の個人型営業から組織型営業への転換を図った。しかし、『営業プロセス・イノベーション』は、仕組みやその導入に関する議論が中心となり、現場の営業担当者の創造性を如何に発揮させ成果を上げるのかといった課題が残された。第3の画期は、ドラッカー理論をベースとした「顧客創造の理論的フレームワーク」である。ここでは近年米国で注目されているセールスマンの創造性研究の議論を踏まえ、ドラッカー的アプローチによる新たな価値創造を目的とした「人」中心のマネジメントの重要性と、顧客のイノベーションを目的とした理論的フレームワークを提示した。表4−1では、先行研究と本研究の関係が示されている。

高嶋の「営業プロセス・イノベーション」をより実践的・創造的なものにするためには、マーケティング・流通研究者がこれまで当然のこととして敢えて扱ってこなかった営業の知識労働とそのマネジメントの視点を加えて再考することが有効であると考える。そのためには、まず顧客創造の理論的フレームワークがどのように営業プロセス・イノベーションで示された仕組みを有効に活用し、成果につなげているのかを明らかにする必要があるだろう。

顧客創造の理論的フレームワークと営業プロセス・イノベーションとの関係については、それぞれの要素が複雑に絡み合っているため、本研究では次

表 4 - 1　先行研究と本研究の位置づけ

研究領域	年代	営業スタイル	営業の目的	キーワード	行動の起点	提供価値
セールスフォース・マネジメント	1920 年〜	プロダクト営業	セリング価値の伝達	人的販売販売管理	自社の製品やサービス	製品やサービスの性能や機能の優位性や価格
営業プロセス・イノベーション	1990 年〜	ソリューション営業	組織的関係構築	データベースプロセス管理チーム営業	顕在化した課題やニーズ	課題解決やニーズを満たす技術力やサービス
価値創造の理論的フレームワーク	現代	イノベーション営業	顧客価値の創造	知識労働者イノベーションマーケティング	市場の変化潜在ニーズ	顧客のイノベーションや新たな市場の創造

（出所）斎藤［2014］を参考に著者作成。

の仮説に基づき考察を行う。

　「組織による顧客志向の実践」は、組織で顧客志向を高めるには組織内でベクトルを合わせることが重要であり、その一環として情報の共有化は有効と考える。よって事例研究では、組織の顧客志向の向上とデータベース営業との関係について考察を行う。

　次に「イノベーション機会の発見」は、顕在化していない市場や顧客の変化を発見するには、日常の営業プロセスにおいてそれらを組み込むことが有効と考える。したがって事例研究では、イノベーション機会の発見とプロセス管理との関係について考察を行う。

　「マーケティングによる顧客創造」は、顧客の課題に対して様々な技術や製品・システムを組み合わせながら新たな価値を創造することが有効と考える。したがって事例研究では、マーケティングによる顧客創造とチーム営業との関係について考察を行うものとする。

　したがって事例研究では、顧客創造の理論的フレームワークが営業プロセス・イノベーションを有効に機能させているのか、企業が成果をあげるために知識労働者である営業を如何に育成・マネジメントしているのかを明らかにしなければならない。よって事例研究におけるリサーチ・クエスチョンとしては、「企業が知識労働者としての営業をどのように育成・マネジメントすることによって、営業プロセス・イノベーションの仕組みを創造的に活用

し、組織の成果につなげているのか」を明らかにすることとしたい。

1) Drucker［1993］pp.192 - 193。
2) Drucker［1969］pp.349 - 353。
3) Davenport［2005］pp.71 - 73。
4) Davenport［2005］pp.46 - 48。
5) Drucker［1999］pp.116 - 121。
6) Davenport［2005］pp.56 - 57。
7) Davenport［2005］pp.67 - 68。
8) Drucker［1954］pp.34 - 39。
9) Drucker［1954］参照。
10) Drucker［1993］pp.192 - 193。
11) Drucker［1993］pp.192 - 193。
12) 三浦［2011］pp.40 - 41。
13) Drucker［1974］pp.64 - 65。
14) Drucker［1985］p.251。
15) Kotler, Keller［2012］p.16。
16) 三浦［2011］pp.48 - 49。
17) Drucker［1974］pp.483 - 485。
18) Drucker［1990］pp.3 - 5.
19) Drucker［1964］pp.221 - 224。
20) Drucker［1967］pp.52 - 54。
21) 安冨［2014］p.93。
22) シュンペーター［1977］pp.182 - 183。
23) Drucker［1985］pp.21 - 26。
24) Drucker［1985］p.34 - 35. ここでいう既に起こった変化とは、予期しない成功や失敗を示している。
25) Drucker［1974］pp.65 - 67。
26) Drucker［1985］pp.35 - 36。
27) Drucker［1985］pp.57 - 58。
28) Drucker［1985］pp.62 - 64。
29) Drucker［1985］pp.64 - 66。
30) Drucker［1985］pp.66 - 68。
31) Drucker［1985］p.69。
32) Drucker［1985］pp.69 - 70。
33) Drucker［1985］pp.143 - 146。
34) Drucker［1985］pp.147 - 150。

35) Drucker［1985］pp.155 - 158。

36) Drucker［1985］pp.158 - 161。

37) Drucker［1985］pp.158 - 161。

38) Drucker［1985］pp.174 - 176。

39) Drucker［1985］pp.174 - 176。

40) Drucker［1985］pp.174 - 176。

41) Drucker［1967］pp.61 - 62。

42) Davenport［2005］p.148。

43) Drucker［1974］pp.564 - 568。

44) 藤田［2013］pp.30 - 34。

45) Drucker［1967］pp.71 - 99。

46) Drucker［1974］pp.564 - 568。

47) Drucker［2007］pp.296 - 306。

48) Levit［1960］pp.45 - 56。

第5章

サンテックの営業人材開発システムによる
顧客創造

　以下の第5章、第6章、第7章では、組織が営業を知識労働者としてどのように育成・マネジメントし、仕組みを活用し成果をあげているのかについて、第4章で提示した顧客創造の理論的フレームワークに沿って事例研究を行う。各章の前半部分は営業個人に着目し、組織による知識労働者を育成・マネジメントするための仕組みについて顧客志向、イノベーション機会、マーケティングの3つの視点から考察する。後半部分はこれらをベースとしながら組織としての営業活動に着目し、独自のソリューション展開によって顧客創造に成功している具体的な事例を分析する。

1．企業概要

　サンテックは、1937年に八幡貞一が満長組（広島県広島市）として創業したのが始まりであり、1948年に山陽電気工事株式会社が設立された。戦後の広島の復興と高度経済成長期を背景に、1956年には本社機能を東京都千代田区に移し全国に営業網の拡充・強化を図りながら、1992年に現在のサンテックに社名変更を行っている。

　同社の経営理念は「わたしたちは自然環境をやさしくまもり育てます。わたしたちは顧客満足をたゆまずに追求します。わたしたちは創造的に積極的に行動します」を掲げ、事業規模は、資本金1,190百万円、連結売上高46,397百万円、連結従業員1,198名、東証2部上場、国内の営業拠点は20拠点となる[1]。

　組織構成としては、屋内外電気設備工事を担当する営業本部（首都圏事業

部、関西中京事業部、西日本事業部、技術・研究開発事業部、プラント事業部、国際事業部）と、電力会社の送電線工事を担当する電力本部（電力事業部、新エネルギー事業部）に分けられ、各支社には営業部門・内線工事部・電力工事部の営業体制が敷かれている[2]。

事業内容は、全国の官公庁ならびに電力会社、総合建設会社（以下、ゼネコン[3]）の他、製造業をはじめとした民間企業を対象に、主に電気設備工事及び空調衛生工事など総合設備工事の設計・施工・保守等を行っている。また海外分野では、1975年にシンガポールのMSHI造船所建設工事を機に積極的に海外進出し、現在ではアジア8カ国に事業拠点を置き、海外のリーディングカンパニーとして同社の売上げの約3割のウエイトを占めている。

国内の主な施工実績としては、東京都第一本庁舎、三菱重工横浜ビル、中目黒アトラスタワー、東京ビッグサイト管理会議棟、エルピーダメモリ新棟、広島紙屋町地下街等がある。海外では、タンソンニャット国際空港（ベトナム）、YKK上海工場、日東電工台湾工場、オリンパスベトナム工場、参天製薬蘇州工場、クアラルンプールヒルトン・メリディアンホテル/KLセントラルなどがある。近年では再生可能エネルギー需要の拡大に伴う環境ビジネスや、2020年の東京オリンピック・パラリンピックに向けた建設投資、製造業におけるリニューアル需要の拡大を背景に事業を伸ばしている[4]。

〈サンテックの主な事業〉
「内線工事事業」
　建物の屋内外電気設備、通信設備、各種プラントの電気・計装設備工事の設計・施工
「空調・管工事事業」
　建物の空調換気設備、給排水衛生設備、消火設備工事の設計・施工
「ファシリティサービス事業」
　各種施設の電気・空調・衛生設備のリニューアルや省エネ対策等の提案及び設計・施工
「電力送電事業」

北海道から沖縄までの国内全ての電力会社による送電線工事の設計・施工・保守

「情報通信事業」

広域での光ファイバー通信網の敷設や携帯基地局建設他

「グローバル事業」

海外における電気・機械設備工事の受注から設計・施工・メンテナンス他

「配電盤・制御盤製造事業」

高低圧受配電盤、各種分電盤、制御盤、監視盤、操作盤等の設計・製作及び保守

2．知識労働者の育成・マネジメント

2.1　組織による顧客志向の実践

サンテックでは、施主（エンドユーザー）向けのソリューションビジネスの強化に取り組んでいる。一般的に設備工事会社（以下、サブコン）の顧客といえば、工事の発注方法にもよるがゼネコンになるケースが多いものの、サブコンにとってゼネコンへの営業は、仕事を継続的に確保し易く効率的である反面、設計図面を基に競合他社との激しい価格競争に晒されることから、顧客の付加価値を見出しにくいといった側面を持つ[5]。そこでサンテックでは、施主を対象に省エネ対策やBCP（business continuity plan：事業継続計画）対策、リニューアル提案など様々な提案活動を展開することで、自らが顧客の潜在需要を喚起しながら価値創出に取り組んでいる。

サンテックの各支社では、総合設備工事を通じて顧客の企業価値を高めることを共通のミッションとして掲げ、営業部門と工事部門による様々な連携施策を実施している。その一環として、工事部門の傘下にあった技術管理グループ（設計・積算担当）を営業部門に組み入れることによって、営業担当者と設計・積算担当者間での情報共有により連携強化を図っている。技術管理グループの主な仕事は、見積書や設計図面・技術提案資料等の作成であり、これらは工事部門が工事計画を立てる際の実行予算書や施工図面の元

データとなる。したがって、従来は同じ工事部門の現場代理人や監理技術者から「見積価格が安すぎたのではないか」、「設計に見落としがあったのではないか」等の突き上げや施工上のリスクを優先し、どうしても売り手の視点に立った資料を作成せざるを得なかった。

しかし、営業部門の傘下になったことで顧客との打ち合わせや現地調査に同行する頻度が増え、徐々に顧客の声が提案資料や見積書に反映されるようになった。ロケーションについても営業部内に配置されたことで、日常的に営業担当者とのコミュニケーションが活発になり、これまで立場の違いによって生じていた誤解や対立関係が改善され、提案件数の増加や受注確度の向上につながっている。

また、サンテックでは営業部門と工事部門でデータベースを活用したリニューアル案件発掘に向けた取り組みを行っている。工事部門が持つ既存顧客に関する技術情報（各種設備の保守状況や過去の工事履歴、顧客の担当部門が抱える問題等）と営業部門が持つ顧客情報（顧客の幹部人脈や購買特性、取引関係等）を共有することで、同社が施工した案件で 20 年以上が経過する顧客に対してリニューアル提案や省エネ提案を実施し新たな需要発掘を行っている [6]。このようにサンテックでは、総合設備工事を通じた顧客の企業価値を高めることを共通のミッションとすることで、技術部門との情報共有を通じた連携強化を図り、顧客への提案力強化や新たな需要発掘に向けた活動を行っている。

2.2　イノベーション機会の発見

同社の営業部門における人事評価基準は、年間を通して部門が目標とする受注金額に対する貢献度に加え、「重要顧客の新規開拓（全国大手企業への口座開設、地場有力企業との関係構築他）」や「営業分野の新規開拓（新たなビジネスモデルの構築、新規案件の受注実績他）」といった新たな価値創出を重点においた項目が設定されている。営業活動で大きな成果をあげた営業担当者については、全国の営業担当者を集め毎年開催される営業事例報告会で、受注の経緯やビジネスモデル、他社との差別化、苦労した点など営業活動のポイン

新規需要の発掘／自社優位性の確立

情報収集	調査分析	戦略立案	営業活動
・取引先企業	・元施工業者	・顧客ニーズ	・チーム営業
・金融機関	・取引金融機関	・土地斡旋	・技術提案
・得意顧客	・土地調査	・資金調達	・VE 提案
・個人的人脈	・信用調査	・キーマン	・金融機関推薦
・不動産業者	・株主企業調査	・技術提案	・取引先推薦
・関連会社	・トップ経歴調査	・同種工事実績	・キーマン攻略
・設計事務所	・ゼネコン調査	・社内派閥	・設計協力
・OB 人脈	・設計(事)調査	・テナント斡旋	・土地コンサル
・業界紙・新聞	・同業他社動向	・付加サービス	・資金協力
		・特殊工法	

図 5-1　サンテックにおけるプロセス管理

出所：三木［1999］参考。

トを発表するのである。これによって、営業担当者間のレベルアップに加え、報告会で得た知見は同社の営業プロセスのプロセス指標として追加される。

　営業のプロセス管理は、主に「情報収集」、「調査分析」、「戦略立案」、「営業活動」の 4 つで構成され、顧客の業種毎（製造業・医療／福祉・教育・通信・卸売／小売）に様々なプロセス指標が設定されている。図 5-1 は 4 つのプロセス指標を示している[7]。同社のプロセス管理の特徴は、一般的な営業に係る業務を一連のステップに分解し「まずこれをやり、次にこれをやり…」といった連続した型にはめ込むのではなく、それぞれのプロセスが独立し、並列的な位置づけにある。敢えて各ステップを繋げていないのは、営業担当者自身が顧客や案件によって商談のスピードや進め方、ニーズ等が異なるため、常に活動しながら市場や顧客の変化を早期に感じ取り、それに即応するためである。仮に連続した営業プロセスでマネジメントしようとした場合、どうしても進捗確認ばかりが中心となり、活動の内容よりも活動（訪問回数、面談回数等）そのものを実施したかどうかの確認作業に陥りやすいためである。

　プロセス指標については、営業に精通した営業管理者や課長クラスなどミ

ドルクラスが中心となり、過去の営業事例（成功事例・失敗事例）を参考に新たな需要発掘や自社の優位性の確立といった視点からプロセス指標が設定される。またフィードバックは、毎朝の部内ミーティングで営業管理者が各担当者の日々の活動報告に対し、プロセス指標を用いて進捗や改善に関するアドバイスを行い、営業部門全員で個々の担当者が見落としがちな顧客の変化や潜在需要などについて意見交換を行う。営業担当者は「会社のための仕組みだと、結果報告ばかりが中心となり、管理者への報告会に終わってしまうが、毎朝の部内ミーティングでは、新しい人脈の発見や情報の入手、アプローチについてアドバイスをもらうことができるため、自身の営業活動の改善に役立っている」という[8]。

このようにサンテックでは、営業担当者個人の情報収集力の向上を図ると共に、人事評価において顧客の新規開拓や営業分野の新規開拓など新たな価値創出に重点を置いた評価制度を取り入れることで、新たなビジネスにチャレンジする風土を創り出している。営業のプロセス管理では、営業に精通したミドルクラスが中心となり、過去の営業事例から新たな需要の早期発掘、自社の優位性の確立の視点からそれぞれのプロセス指標を設定し、フィードバックでは営業部門全員で市場や顧客の変化について意見交換することで営業活動の向上につなげている。

2.3　マーケティングによる顧客創造

サンテックでは、人材育成の一環として営業担当者に自らが強みとする特定の業界を持たせることで、その業界に特化した営業のプロフェッショナルの育成に取り組んでいる。対象とする業界の選定については、金融、不動産、医療福祉など様々な分野の中から中期的に需要が見込まれる業界を、営業担当者自らが主体的に考え上長との相談の上決定する。また選定については営業担当者に責任を持たせる。

具体的活動は、各業界における主要企業の幹部を対象に人的ネットワークを形成しながら、業界毎のビジネス特性や市場動向・組織間関係・購買特性など業界特有のマーケティング・プロセスを学ぶのである。また建物設備を管

理する担当部門や担当キーマンとの深い関係を構築する。最終的にその業界
のことならば自分が最も知っているといった強みを持たせることが目的である。

　また同社では、営業担当者にパートナー企業の開拓や企業間のビジネス・
マッチングの経験を積極的に積ませることでコーディネーターとして育成し
ている。企業間のビジネス・マッチングによる新しいソリューションの創出
では、営業担当者は取引先や顧客のビジネスをひとつの商材として捉え、自
らがインターフェースとなって様々な強みをもった面白い企業同士を結び合
わせたり、敢えて自社と異なる業種と連携することで新たなビジネスモデル
をプロデュースするといった価値創出を図っている。例えば、営業担当者が
訪問した顧客の生産プロセスが他の顧客の生産プロセスよりも優れていた場
合、その優れている点を、自社の事業と融合させて同様の課題を抱える企業
へ提案活動を行うといった営業活動を行うのである。そこで営業担当者は、
顧客のビジネス・プロセスの全体最適に向けたプロセスを模索しながら、自
社の強みを発揮できる新しいソリューションを提案していく。図5-2は、
営業担当者によるビジネス・マッチングのパターンを示している。

　これらの経験で培った能力は、複数のパートナー企業を集めひとつのプロ

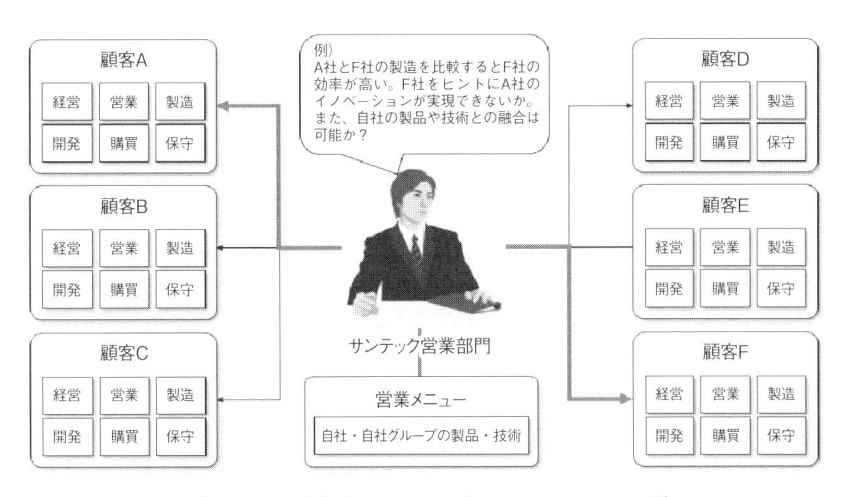

図 5 - 2　営業担当者によるビジネス・マッチング

（出所）ヒアリングを基に著者作成。

ジェクトチームを立ち上げる際に活きてくる。営業担当者はリーダーとなり、幅広い人脈の中から対象とする顧客や課題を考慮し、それに合った強みを持つパートナー企業を集めチームで行動する。同社の営業管理者は次のようにいう。「価格が安ければ営業が売らなくても顧客は買うだろう。それでは営業の価値がない。顧客に価格が高くてもサンテックから買いたいと言ってもらうためには、営業が如何に付加価値を創り出すことができるかが重要となってくる。そのためには、どの企業の誰と組み、如何なるビジネスを描くかが最も重要である」。さらに同社ではこれらの活動を支援・促進するために、幹部が中心となって大手総合商社をはじめリース会社や広告代理店、各種研究所等との組織的な関係を築くことで連携先の拡大を図っているのである [9]。

3．顧客創造の実際

3.1　電気設備工事業界の動向

　我が国の建設業界は、1990年代のバブル崩壊後、「失われた20年」と呼ばれる不況期 [10] に入り厳しい市場環境にあった。国や地方自治体をはじめ民間企業による設備投資の削減等により需要は大幅に縮小し、ピーク時の80兆円から40兆円台へと半減した。サンテックをはじめとした電気設備業界においても厳しい市場環境に見舞われた。

　国内の電気設備工事会社は、約35,600社（2015年4月時点の全日本電気工事業工業組合会員企業数）存在し、主に電力会社系、NTT系、JR系、メーカー系、独立系の5つで構成されている。その中でサンテックは独立系大手として、売上では上位29位（帝国データバンク調査、2014年3月現在）に位置している。

　バブル終焉以降の市場の縮小は、電気設備工事業界にとって従来売上げの柱とされてきた公共事業やゼネコンなどの民間の建築需要に大きな影響を与え、企業は競争の激化により利益確保が困難な状況にあった。独立系企業であるサンテックにとって安定した売上を確保しやすい系列企業等に比べて、

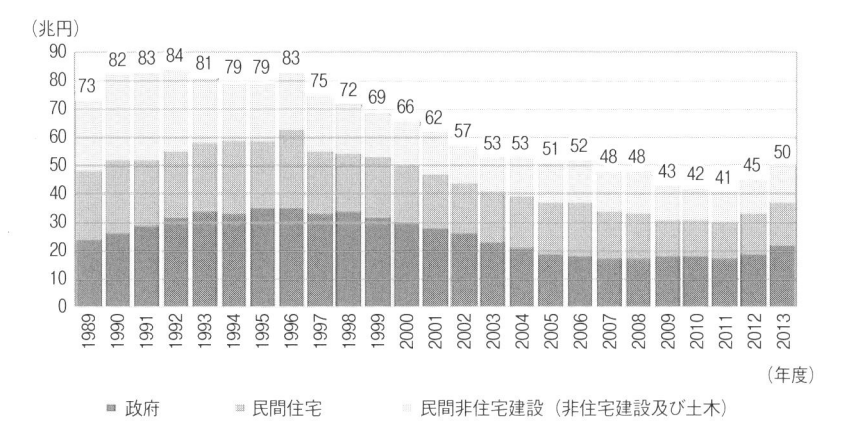

図5-3　建設投資額の推移

（出所）国土交通省［2014］ホームページ参照。

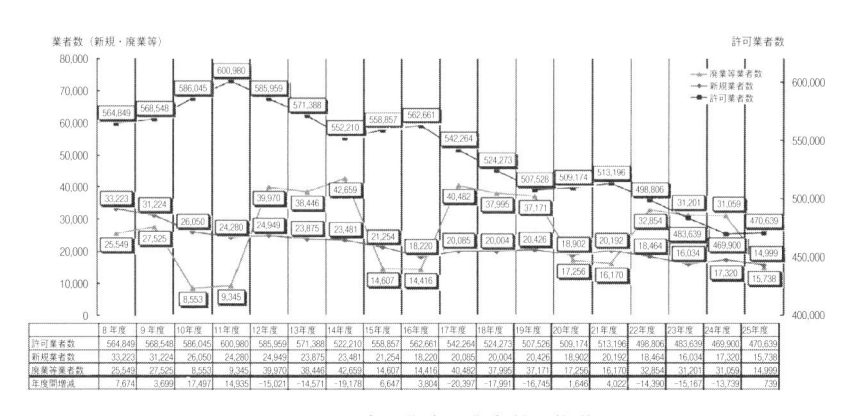

図5-4　建設業許可業者数の推移

（出所）国土交通省［2016］『建設業許可業者数調査の結果について』。

ことのほか深刻であり、企業の生命線ともいえる営業部門に課せられた課題
は大きなものであった。なお、図5-3は我が国の建設投資額の推移を示
し、図5-4は建設業許可業者数の推移を示している。

3.2　自動車関連業界における設備投資需要の高まり

2000年代に入り、サンテックは自動車関連業界における低燃費化・軽量

化に伴う樹脂部品の需要拡大と、電気自動車化に伴う電子部品の需要拡大の流れに着目した。

　中でも自動車用樹脂部品については、従来バンパーをはじめとした外装部品やダッシュボードなどの内装部品が主な対象部品であったが、近年では軽量化に向け様々な部品が樹脂に変わろうとしていた。ある日、サンテックの営業担当者は顧客から次のような話を聞いた。「今はどの自動車メーカーも燃費競争が激しくて、サプライヤ企業に対する軽量化の要求が厳しいんだ。当社もこれまでは内装部品だけしか扱っていなかったけど、これからはエンジン部品や外装部品にも参入していくよ。将来は自動車部品の多くの素材が鉄からプラスチックへ変わっていくと思うよ」[11]。

　従来は、自動車用部品の多くに強度と耐熱性に優れた鉄部品が採用されてきたが、重量が重く燃費に悪影響を与えるといった課題があった。しかし、樹脂の技術進歩によって耐熱性と強度の向上が図られたことで、これまで鉄が多く採用されてきたエンジンまわりやボディなどにも軽量化に優れた樹脂が採用され始めていた[12]。さらに電気自動車化に伴いエンジンがバッテリーに置き換わることで"パワートレイン"と呼ばれる動力伝達機構の構造が大きく変化し、従来のエンジンやトランスミッションの代わりに新たな電子部品の需要が生まれ始めていた。

　サンテックの営業部門は、全国の自動車用樹脂部品メーカーの傾向として親会社の自動車メーカーからの過剰な供給要請や再三にわたる製品開発要請に応えるために、新たな工場建設や老朽化した工場の建て替え、生産ラインの増設などの設備投資を計画している企業が多く存在していることを知った。そこで、全国の自動車用樹脂部品を製造する企業を対象に、パートナー企業である建築設計事務所をはじめ空調設備工事、建築工事、内装工事を担当する企業などとプロジェクトチームを立ち上げると共に、ゼネコンの営業に対抗するためにコンストラクション・マネジメント方式（CM方式）を参考にした分離発注方式での営業活動を開始した[13]。

　CM方式とは、施主の補助者・代行者であるコンストラクション・マネジャー（CMR）が、技術的な中立性を保ちつつ、施主の側に立って、設計・

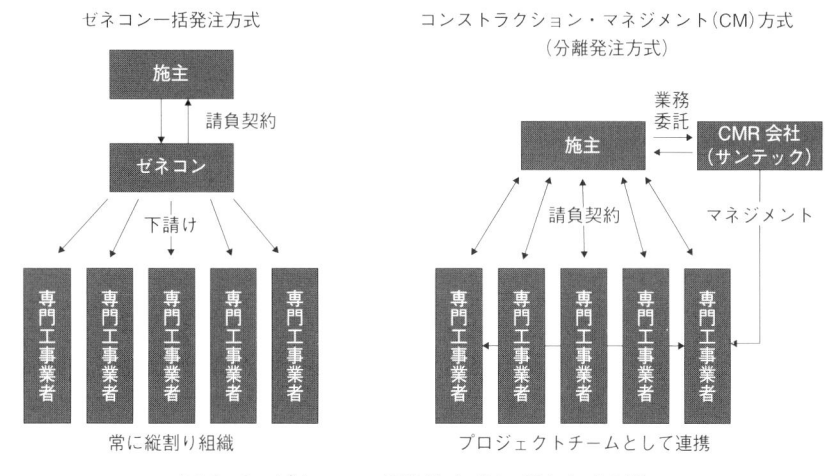

図 5-5　ゼネコン一括発注方式と CM 方式の違い

出所：著者作成。

発注・施工の各段階において設計の検討や工程管理、品質管理などの各種マネジメント業務の一部を行い、施主は各専門工事業者と個別にて請負契約を結ぶ（分離発注）ことになる。この場合、サンテックは自社の電気設備工事を担当することに加え、施主のアドバイザー的な役割と計画全体の取り纏めを担う。これによって従来のゼネコン一括発注方式に比べて中間経費を大幅にカットすることが可能となる。ゼネコン一括発注方式の場合、顧客の窓口は一本化できるものの、どうしてもコストの透明性や施工区分や責任が不明確になりやすく、施主の意向よりも元請けの意向が働きやすいことから、施主のニーズが反映されにくいという課題があるが、CM 方式の場合、施主の意向が建物に反映されることに加え、コストや施工の責任範囲が明確になるというメリットがあげられる（図5-5 参照）[14]。

3.3　工場建設ソリューションによる営業展開

　2003 年、サンテックは自動車関連企業での実績をベースに製造業による工場建設や社屋建設などの需要に応えるために工場建設ソリューションを立ち上げた。工場建設ソリューションとは、製造業における工場等のリニュー

122

図5-6　工場建設ソリューションの概要

（出所）ヒアリングを基に著者作成。

アルから新築までをトータルサポートするものであり、「土地斡旋」、「企画立案」、「施工」、「業務支援」、「保守」の5つで構成される。図5-6は工場建設ソリューションの概要を示している。

　工場建設においては、顧客の担当部門は事業計画から資金調達、現場監理、工場稼働における様々な課題を順次、並行して処理していかなければならない。具体的には、①建設用地の選定及び確保、②建築物の基本設計及び実施設計（建築概要とレイアウト）、③電気・機械・給排水・衛生など各種設備に関する仕様検討、④竣工後の什器の手配、テレビ会議システムなどの通信工事、⑤食堂運営、清掃運営、環境測定、緑化対策、立体駐車場の建設などがある。通常、顧客側で全ての調査、企画、交渉、手配などを行うが、これらをサンテックが施主代行として行うことにより、工期の大幅な短縮と顧客担当部門にかかる負荷軽減（労務コスト、調達コスト等）を図ることが可能となる。

①土地建物斡旋

　新たな工場建設や社屋建設を行う場合、サンテックが顧客と土地所有者との仲介役となり工場や社屋の建設用地の斡旋を行う。同社グループ会社である㈱共立が所有している工業団地の紹介を行うと共に、金融機関やリース会社、不動産会社、取引先企業に対して遊休地に関する情報収集を行う。もし購入ではなく賃借を希望した場合、グループ会社にて賃借条件にあう物件の紹介を行う。中でもサンテックは、土地のみを探すのではなく建物付きの中古物件を確保することに注力することで、新築するのに比べ建設コストを大

幅に削減することができる。

②企画立案

　工場やプラントの設計を手掛ける建築設計事務所が中心となって工場全体の基本設計・実施設計を行う。顧客の管理部門や製造部門と打ち合わせを重ね、レイアウトや生産ラインなどものづくりの流れを検討していく。近年では、顧客の特許技術に関する情報の保護や工場全体の物理的セキュリティ対策、災害時を想定した非常電源の確保や津波対策、データセンターの遠隔化などのBCP対策が求められる。省エネ対策では、エネルギー監理システム、LED照明、高効率型空調システム、太陽光発電システム、蓄電池などを導入しながら環境保護への貢献やランニングコストの削減が可能となる。

③施　工

　各工事の現場代理人は、設計事務所や他の工事の現場代理人と密に連携しながら顧客の管理部門、製造部門、開発部門などからあがってきたニーズを工事に反映させていく。そのためプロジェクトメンバーは、予め顧客の職場環境や仕事の流れ、工場の特徴など顧客を理解するための視察会を複数回実施する。さらに製造業の場合、顧客の業界毎に様々な制度や品質基準などが設けられている場合が多く、顧客の業種に応じてプロジェクトメンバーを組み替えながら、それに対応した体制で工事にあたらなければならない。またリニューアルなどの場合、生産ラインが稼働しながらでの施工となるため、作業工程や施工の時間帯などに配慮しつつ顧客の関連部門と打ち合わせを行い工事を進めていく。

④業務支援

　竣工後、引越し業務から什器手配、食堂運営、警備会社との調整、従業員用の立体駐車場の建設など様々な付帯業務が発生する。通常は、顧客の管理部門が中心となって作業を行うが、顧客の人的リソースが不足している場合は、これらの業務をサンテックがパートナー企業と連携して代行する。什器

手配に関しても、中古事務用品の調達や、食堂運営ではホテルと協力して食堂事業者の斡旋までを行う。新たな環境で業務が開始されると、各職場の酸素濃度や照度測定といった職場環境の診断などにも対応している。

⑤保　守

　ユーティリティ設備である受変電・送電設備、発電設備、吸収式冷温水機、ボイラー設備、排水設備・公害防止設備、照明・空調設備、消防設備等が正しく機能するために保守・メンテナンスを一括して実施。サンテックのサービス部門に加え、各地域の電気保安協会と連携して、毎月の定期点検を通じ設備の劣化状況や稼働状況について報告書を提出し修繕や更新に向けたアドバイザー業務までを行う。これにより顧客の管理業務が低減でき、アウトソーシングによる業務効率化を図ることができる。またエネルギー使用量の多い第1種エネルギー管理指定工場など特定事業者に関しては、省エネ改善に向けた中長期計画書の作成まで行う[15]。

3.4　総合エンジニアリングサービスによる営業展開

　工場の生産設備に関しては、顧客の経営に直接影響を与える重要な要素であり、一旦設備が停止してしまうと大きな事業損失を発生させてしまう。

　2004年、サンテックは製造業におけるBCP（事業継続計画）への需要の高まりと、工場設備の保守を担当する技術者の高齢化と人材不足の問題に着目した。多くの企業では、工場の設備管理を行う技術者の多くは、60代を超え嘱託従業員であるケースが多く、後継者となる若手の人材確保が思うように進んでいない課題を抱えていた。さらに、経験豊富なベテラン技術者が持つ工場設備に関する多くの情報は、技術者自身の頭の中だけに残されている場合が多く、若手の技術者を育成しようとしても、過去の保全に関する情報や設備の修繕履歴などの情報管理が十分でないため、若手の人材育成がなかなか進まないといった課題を抱えていた[16]。

　近年ではグローバル企業を中心に、工場設備に関するアズビルドローイング（as-built drawing）化が進んでいる。アズビルドローイングとは、現場の

図5-7　日常の設備管理イメージ

（出所）ヒアリングを基に著者作成。

最新の設備状況をリアルタイムに設計図面や解析データに反映させること
で、現場の見える化を促進する取り組みである。そこでサンテックは、オー
プンシステム型の中央監視・制御システムを自社開発し、工場における設備
管理情報や保全に関連する技術情報などを一括してデータベース化し、顧客
の担当部門と連携を図ることで、顧客の設備管理業務を一部アウトソーシン
グする新たなサービスを立ち上げた。このエンジニアリングサービスによっ
て、設備の保守・メンテナンス情報、日々の設備の稼働状況などを見える化
することで、設備の部品の交換時期の通知、定期点検や省エネ診断の情報な
どとも突き合わせ、部品取替から設備更新に至るライフサイクルや、余寿命
診断等の最適時期・検査時期やレベル等について運用特性に応じた保守サー
ビスを提供することで、設備の維持管理にかかるコストの削減と保守管理の
最適化を図ることが可能となる（図5-7参照）。

　サンテックは、全国の製造業の取引先に対してこのエンジニアリングサー
ビスの拡販を切り口に保守ビジネスでの事業拡大を図った。当初、顧客の現
場からはデータの入力作業など面倒な仕事が増えるといった反発が予想され
たが、入力欄を極力少なくし画面上でアイコンのクリックによる簡易操作を
可能にした。また同社元施工の案件に関しては、予めシステム入力した状態
で、顧客でのセットアップ移行後の利便性を確保する配慮も行った。この
データベースを構築したことで、トラブル発生時には即座に顧客とサンテッ

クに障害発生メールによって、迅速な対応準備と復旧までにかかるリードタイムの大幅短縮を可能にした [17]。

〈エンジニアリングサービス導入のメリット〉
・設備の突然の故障やトラブルによる復旧時間の短縮（事業損失の最小化）
・保守業務の最適化による設備の延命化と維持管理コストの削減
・顧客内部（工場間）での設備管理状況の一元化と省エネ成功事例の共有化

おわりに

　本章では、サンテックの営業について「知識労働者の育成・マネジメント」、「顧客創造の実際」の２つの視点から考察を行った。

　「2. 知識労働者の育成・マネジメント」では、サンテックによる営業の人材開発がどのように知識労働者として育成・マネジメントしているのか「組織による顧客志向の実践」、「イノベーション機会の発見」、「マーケティングによる顧客創造」の観点から考察した。

　「2.1 組織による顧客志向の実践」では、顧客の企業価値の向上をミッションに掲げ組織で共有化することで、営業部門と工事部門の連携による施主営業強化に向けた活動について取り上げた。そこでは部門間でのコミュニティを構築したり、各部門が保有する情報をデータベース化することによって新たな需要発掘につなげていることが分かった。

　「2.2 イノベーション機会の発見」では、人事評価において顧客の新規開拓や営業分野の新規開拓など新たな価値創出に重点を置いた評価制度を取り入れることにより、新たなビジネスにチャレンジしようとする風土を醸成すると共に、プロセス管理を通じて市場の動向や顧客の潜在需要の深掘りを行っていることが分かった。

　「2.3 マーケティングによる顧客創造」では、自らが得意とする業界をつくることで、特定の業界に精通したマーケティング知識と人的ネットワークを構築する。またパートナー企業の開拓やビジネス・マッチングの経験を通

じコーディネーターとして育成することにより、チームにおいてリーダーとして幅広い人脈の中から強みを持つ企業や人材を集め、強力なチームを築いていることが分かった。

「3.　顧客創造の実際」では、上記で示された知識労働者を育成・マネジメントする仕組みがどのように実践で成果をあげているのかについて「市場の動向」、「機会の発見」、「課題の解決」の3つの視点から考察した。

「3.1電気設備工事業界の動向」では、90年代バブル崩壊による建設業界への影響と電気設備工事業界における市場縮小に伴う競争の激化について考察した。

「3.2自動車関連業界における設備投資需要の高まり」では、自動車関連業界における低燃費化・電気自動車化に伴う樹脂部品メーカー及び電気部品メーカーにおける生産能力向上に向けた設備投資需要の発見について考察した。

「3.3工場建設ソリューションによる営業展開」では、工場建設ソリューションを取り上げた。工場建設ソリューションとは製造業における工場等のリニューアルから新築までをトータルサポートするものであり、「土地斡旋」、「企画立案」、「施工」、「業務支援」、「保守」の5つで構成される。これらの業務をサンテックが施主代行として総合的に行うことにより顧客の負荷軽減と工期及びコスト削減に貢献していることが分かった。

「3.4総合エンジニアリングサービスによる営業展開」では、製造業におけるBCP対策への需要拡大と設備管理部門の技術者の高齢化と後継者不足に着目し、オープンシステム型の中央監視・制御システムを自社開発し、設備管理に関する情報やノウハウを継承するためのデータベース化に加え、設備管理におけるアウトソーシングにより工場の設備管理の最適化と障害発生時の復旧時間を短縮することに貢献していることが分かった。

1)　サンテック［2017］ホームページ http://www.suntec-sec.jp/ 参照。
2)　サンテック［2017］ホームページ http://www.suntec-sec.jp/ 参照。
3)　ゼネコンとは、General Contractor の略称。元請負者として各種の土木・建築工

　事を一式で発注者から直接請負工事全体のとり纏めを行う総合建設業者を指す。

4)　サンテック［2015］ホームページ http://www.suntec-sec.jp/ 参照。

5)　インタビュー調査より。

6)　インタビュー調査より。

7)　インタビュー調査より。

8)　インタビュー調査より。

9)　インタビュー調査より。

10)　内閣府景気基準日付でのバブル崩壊期間不況は、1991 年 3 月から 1993 年 10 月までの景気後退期を示す。1993 年末頃から 1997 年前半頃まで、景気回復政策による「さざ波景気」、その後、1997 年 7 月よりタイを中心に始まった通貨下落のアジア金融危機（不況）、1998 年末頃から 2000 年春頃にかけての IT バブル景気と、その後 IT バブル崩壊（不況）で景気の好・退があった。その後の景気回復は、6 年 1 カ月の長期間であったため「いざなみ景気」と呼ばれたが、低成長に止まり実感がなく、一部地域を除いて本格的な好景気に至らなかったため「だらだら陽炎景気」とも呼ばれた。その後、サブプライムローン問題をきっかけとした 2008 年のアメリカの住宅バブル崩壊に端を発した国際的な金融危機（世界同時不況）に陥った。このことから、いざなみ景気の期間も含めたバブル崩壊から約 20 年以上を不況として扱われることから「失われた 20 年」とも呼ばれている。

11)　インタビュー調査より。

12)　インタビュー調査より。

13)　インタビュー調査より。

14)　インタビュー調査より。

15)　インタビュー調査より。

16)　インタビュー調査より。

17)　インタビュー調査より。

第6章

大東建託のコンサルティングサービスの
システム化による顧客創造

1．企業概要

　大東建託は、1974年に多田勝美により大東産業株式会社（愛知県名古屋市）
として設立された。設立当初は、倉庫等の賃貸建物の建設を中心に行ってい
たが、近年ではアパート、マンション、ビル等の建物賃貸事業の提案から施
工・入居者斡旋・建物管理までを一貫して提供する「賃貸経営受託システ
ム」によって急速に事業を拡大している。

　同社の経営理念は「我が社は、限りある大地の最有効利用を広範囲に創造
し、実践して社会に貢献する」とし、事業規模は、資本金29,060百万円、
連結売上高1,497,104百万円、連結従業員16,054名、東証1部・名証1部
上場、国内の営業拠点は220拠点になる。セグメント別売上では建築事業が
約40％強、不動産事業が50％強になる[1]。

　組織構成としては、経営管理本部、建築事業本部、不動産事業本部の3つ
に分けられ、その内、主となる建築事業本部については営業統括部（建築営
業管理部、融資推進部、営業企画部、資産承継コンサルティング部、教育セン
ター）、設計統括部（商品開発部、設計部、積算部、建材設備購入部）、工事統
括部（技術教育部、技術推進部、施工品質管理部、安全管理部）で構成される。

　同社の事業の特徴は、賃貸事業の企画・立案から、建物の設計・施工、入
居者斡旋、管理・運営、そして事業リスクへの対応まで"賃貸経営の全てを
任せられる"システム「賃貸経営受託システム」である。一般的に賃貸建物
を建てるだけではなく、35年間にわたって一括借上によって経営代行まで

をトータルサポートすることで、建物オーナーの様々なリスクを軽減し、安心・安全・安定した賃貸事業を提供している。同社の主な顧客は、土地所有者であり賃貸事業を行うオーナー（施主）を中心に、オーナーが建築した住居または建築物に入る入居者（個人・法人）、さらに同社が事業展開しているデイサービスなどを利用する一般ユーザーである。そして、この3つの顧客のそれぞれのニーズにしっかり応え、結びつけることによって建物賃貸事業をサポートする仕組みこそ同社の強みといえる。

〈大東建託の主な事業〉

「建 設 事 業」

　　土地所有者向け貸家・アパート・駐車場・倉庫・工場等の提案から設計・施工、建設資材等の供給。また築年数が経過した賃貸住宅の建て替え事業他

「不動産事業」

　　賃貸経営受託システムによる賃貸物件の管理・一括借り上げ事業。入居者斡旋事業他お部屋探しサイト「いい部屋ネット」及び情報誌の制作・販売、入居者の保証人受託

「金 融 事 業」

　　施主の建築資金目的の長期融資を金融機関から受けるまでの期間（契約から工事完成）のつなぎ融資事業他

2. 知識労働者の育成・マネジメント

2.1　組織による顧客志向の実践

　大東建託では、「オーナーの建物賃貸事業の安定経営と賃貸利用顧客（入居者）の安心で豊かな暮らしの実現をキーワードに、賃貸住宅には何ができるのか、もっとできることはないかというこの"問い"を巡って顧客と対話を重ねながら、新たな価値を創造し、建物賃貸事業の総合支援サービスをさらに発展させること」をグループ共通のミッションとし、幅広いストックビ

ジネスを展開している。

　その取り組みの一環として、顧客（オーナー）の賃貸経営をサポートするためにオーナーと大東建託・大東建託グループとで結成された全国ネットワーク組織「大東オーナー会」がある。同会では、全国のオーナーに対して、①資産保全サービス（相続税試算、相続対策相談、確定申告相談等）、②資産運用サービス（資産活用相談、最新金利動向、借り換え相談、関連税制案内等）、③資産承継サービス（遺言相談、遺言信託相談、準確定申告資料提供等）など様々なサービスを展開している。

　また、大東オーナー会を通じて全国のオーナーとの対話の場として、各支部単位で開催する総会と、全国の代表理事を招聘し開催する全国理事総会の2つがある。支部主催による総会では、同社の拠点幹部をはじめ営業責任者らが出席し、同社の事業概況（一括借上事業の稼働率、入居/退居状況、空き家率、「いい部屋ネット」ブランド強化策など各種施策）について意見交換を行う。全国理事総会では、同社の経営概況並びに各種重点施策や各支部総会からあがってきたオーナーの様々な要望事項について意見交換が行われる[2]。このように同社の事業の特徴は、単に売り手と買い手の関係ではなく、両者が信頼をもとに、事業パートナーとしてお互いが補完し、高め合う関係が築かれている点である[3]。

　大東建託では、グループ共通のデータベースを構築し、営業部門をはじめグループによるサービス品質の向上を図っている。同社の取引先には、建物オーナー、入居者・入居希望者、不動産・メンテナンスなどの外部業者といった多様なステークホルダーが存在している。従来は、顧客情報を一元管理し共有・活用できる仕組みがなく、グループで情報共有ができていないことが大きな課題であった。オーナーや入居者・入居希望者からの年間100万件以上の問い合わせ（電話やメール）に対して、従来は独自に開発した「問い合わせシステム」を使って、全国の営業所の営業担当者がその内容と対応の結果をWebに履歴として書き込んでいた。しかし、従来システムには相互連携機能がなく、会社全体で履歴を管理していなかったため、職種（営業、建物管理、設計・工事、業務等）毎に縦割りで情報を保有する形となり、

顧客情報の二重入力や情報の未更新、連絡の行き違いが起きるなど、非効率な状態にあった。

そこで、2016 年にシステム更新にあわせ新たな顧客情報管理システムを導入し、顧客の様々な情報を集約し、ワンクリックで参照できるようにした。顧客からの問い合わせに対してもその場で対応が完結できるようになり、担当者からの折り返しの電話が大幅に減少したのである。また、処理待ちの案件リストや案件の進捗状況がダッシュボードに見える化されたことで、従来のような個人スキルに依存しない多角的なデータ分析や、データ抽出や加工の時間が削減されたことにより、顧客サービスの向上及び業務品質の平準化が図られている[1]。このように大東建託では、グループ共通のミッションを掲げると共に、営業基盤である「大東オーナー会」の活動を通じ、顧客の声を経営に生かしている。その中でグループのデータベースを構築することで、顧客の膨大な情報を一本化し、データの可視化・多角的分析により新しい営業スタイルの確立や顧客サービスの差別化につなげている。

2.2　イノベーション機会の発見

大東建託では、経営方針のひとつに「顧客の要望に合わせ、当社を創造（造り変え）・発展させる」ことを掲げ、事業は「1 年経ったらチェックし、3 年経ったら疑ってかかれ、10 年経ったら捨ててしまえ」という理念の下、顧客の付加価値を追求し発展を続けてきた。同社の事業は、創業当時のハードを中心とした賃貸住宅の販売から、現在の顧客の賃貸事業の長期安心・安全・安定経営を実現するサービスの提供へと変化している。

前社長の三鍋伊佐雄は、企業が変革し続けるには常に「新しきことへの挑戦」する姿勢が必要という。しかし、実際はビジネス上の「新しき」ことを現場が追求しようとしても、大半の企業では「企業風土」「価値観」「組織（政治）」「規則」「慣習」「社内常識」によって改革の着手がタブーである場合が多い。これら企業の不活性は、ビジネス以外の企業が持つ固有の風土（上申しない風土、不景気を業績不振の理由にする、新年度方針は毎年代り映えしない等）・規則・慣習などの普遍（不可侵）が要因であるケースが多い。その

ため同社では、組織の新陳代謝を高めると共に、幹部や部課長クラスが率先して「新ジャンルの事業領域進出」「新商品開発」「新規市場エリアの拡大」「海外進出」「新サービスの追加」「新営業戦略」「新ブランドの立ち上げ」に積極的に取り組んでいる[5]。

　同社の営業部門では、日々の営業活動を通じた顧客ニーズの深掘りを図るために、ベテランの営業マンらが中心となり構築した独自のプロセス管理「飛び込みから契約までのモデルプロセス」が導入されている。営業プロセスは「飛び込み準備」、「初訪」、「再訪」、「追客」、「立地審査取得」、「プラン・査定」、「事業試算書作成」、「受注」、「契約」、「申請工程」の10の過程に分けられ、各プロセスにおいて重視すべき点や、確認すべき項目など様々なポイントが明文化されており、チェック形式になっている。営業担当者は、顧客との面談を通じて遊休地の状況、税法の改訂、農家の後継ぎ、家族構成など様々な情報を踏まえ、顧客が抱えている課題が一体何なのかを明確にすると共に、並行してどのタイミングで税理士や設計担当者、経営幹部を連れてゆくのか、いつ立地審査を取得するか、モデルルームを視察するのか、社内の技術関連部門を集めたプラン会議ではどのような点に注意すべきかなどに関しても、それぞれに指標が設けられている。

　同社には、営業課長をはじめとしたミドルクラスのマネジメント指針となる「建営課長行動十則」があり、管理職としての仕事への考え方や仕事内容、部下の育成について記されている。また同社の特徴として、ビジネスで一般的にいわれる「報連相（ホウレンソウ）」の文化はなく、管理者であっても全ての情報は自らが取りに行くことが徹底されている。情報や相談が部下から上がってくるという妄想を捨て、管理者自ら現場まで情報を取りに行き温度・実情や中身までも把握することが求められている。三鍋によれば、「報連相」には「部下だけに行動を求めて、自分は座して動かず」の姿勢があるという。「結果を速やかに報告しなさい」、「悩みや困難はいつでも相談しなさい」等も同様である。必要な報告事項、タイムリーな連絡事項、言い出しにくい相談事項、これらを抱えて悩み抜くから、"部下"であり、管理者が離れたところから情報を待つだけでは表面的な情報だけしか得られない

という[6]。このように同社では、革新的な企業風土を醸成することによって営業担当者の企業家精神を引き出すと共に、日々の営業活動において独自のプロセス管理「飛び込みから契約までのモデルプロセス」を活用しながら、顧客の見極めから顧客が抱える課題やニーズの顕在化を図っているのである。

2.3　マーケティングによる顧客創造

大東建託グループでは、個々の従業員が賃貸経営のパートナーに相応しい専門力を身につけるために、独自の社内資格制度「土地活用専門社内資格＝建託士」を 1990 年に創設し、顧客への提案を受け持つ営業分野から、技術分野を受け持つ設計・工事分野までの幅広い教育に注力している。「建託士（1級・2級）」は、土地活用を提案する上で必要なスキルを習得する社内資格であり、大東建託グループ全従業員の必須資格となっている。

学ぶ分野としては、主に会社知識・システム・商品・市場・建築関連・税務知識・専門用語などがあり、中でも市場・建築関連・税務の3つが重要となる。市場とは、社会・経済状況や賃貸住宅市場を踏まえ、顧客に当社を選んでもらうための自社の強みや市場からの評価を理解する。建築関連とは、顧客に土地の"最有効活用"プランを提案し実現する上で基本的知識となる建築関連法規や設計・施工関連知識を学ぶ。税務とは、顧客の実情を把握し、最適な資産承継を提案する上で必要となる税務知識を学ぶ。これにより従業員一人ひとりが、市場の動向や税務知識を十分理解・習得し、会社全体で共有できる価値観を身につけるのである[7]。

大東建託グループでは、事業の多角化を行うのではなく、賃貸経営という領域においてグループがひとつのバリューチェーンを形成している。オーナーの賃貸経営を包括的に引き受ける「賃貸経営受託システム」は、土地診断や建物計画・資金計画など賃貸事業企画を担当する部門（関係会社）、建物を設計・建設・工事検査を担当する部門（関係会社）、入居者の募集・確保を担当する部門（関係会社）、35 年にわたって管理・運営代行を担当する部門（関係会社）の4つで構成されており、その中で営業担当者は、顧客の

相談役になると同時に、グループ間における仲介役としてグループの強みを発揮するために、技術部門をはじめ維持管理を行う関連部門とのシームレスな連携体制を築き、オーナーに付加価値の高いサービスを提供している。

　近年では、オーナーの高齢化に伴い資産承継に関する需要の高まりに対応するために、同社グループにて資産承継を専門とする会社を立ち上げ、積極的なビジネス展開を行っている。同社の営業部門のメンバーは、信託業務と資産承継に精通した有資格者（信託銀行出身者、ファイナンシャル・プランニング技能士、宅地建物取引主任者、司法書士、一級建築士、不動産証券化協会認定マスター、証券アナリスト協会認定会員等）を中心にメンバー構成されている。

　このように大東建託では、土地活用に関する独自の社内資格制度「建託士」を導入することにより営業担当者をはじめとした従業員の総合的な能力向上を図ると共に、同社グループが提供する「賃貸経営受託システム」において、営業担当者は顧客の相談役となると同時に、各関連部門の仲介役となることでシームレスな連携体制を築き、付加価値の高いサービスを提供していることが分かった。

3．顧客創造の実際

3.1　賃貸住宅業界の動向

　日本の人口は、2010 年の 1 億 2,800 万人をピークに徐々に減少傾向にある。人口増加率では、1950 年を頭打ちに 2010 年に若干増加するも 2015 年以降は減少が続いている。図 6−1 は日本の人口・世帯数の推移と将来見通しを示したものである。

　一方で、世帯数でみると人口の伸びを上回る水準で推移しており、核家族化による世帯の小規模化が進んでいることが窺える。世帯構成では、夫婦と子供の世帯や 3 世代世帯が減少する一方で、夫婦のみの世帯や単身世帯が増加しており、特に単身世帯の増加が著しい。さらに絶対数は少ないものの片親と子供の世帯の増加と高齢者の世帯（高齢夫婦世帯及び高齢単独世帯）が急増している [8]。少子高齢化の影響により老年人口の割合は 2000 年には年少

136

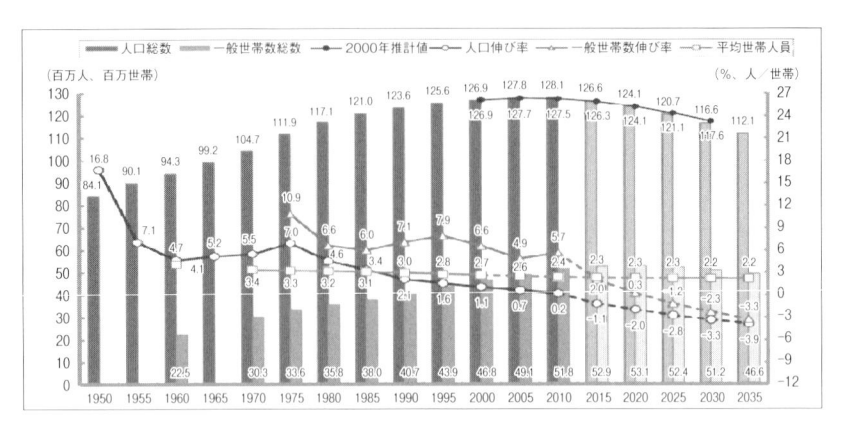

図 6-1　人口・世帯数の推移と将来見通し

（出所）住宅改良開発公社［2014］p.29。

人口の割合を上回り（老年化指数が 100 を突破）、今後も少子高齢化が進行することが予想される [9]。

　賃貸住宅市場では、新設住宅着工総数とおおむね同傾向の推移を示しているが、持家とは異なる動きを見せている。貸家は、1982 年から 1990 年にかけて大幅に建築されているが、持家は全般的には減少から横ばい傾向にある。分譲住宅については、土地の仕入れ価格の影響はそれほど受けておらず、バブル形成期、崩壊期共に比較的安定的に推移している。この貸家市場の変動については、地域経済をはじめ様々な外的要因が影響していることが窺える。貸家率を都道府県別に比較すると、上位は東京をはじめとした大都市圏から、沖縄・北海道などの地方圏へと移行している点や、鳥取県や島根県の山陰地区における貸家率が特に高い点も特徴的といえる [10]。

　国土交通省の『21 世紀の豊かな生活を支える住宅・宅地政策について』では、住宅用地の取得に対する世間の考え方が徐々に変化してきていると指摘している。従来のような土地取得に強い関心を置いた考えは、継続的な地価の上昇、高い経済成長、年功序列型の賃金体系等の日本型雇用慣行が前提として成り立っていた。しかし、これらの前提は、構造的に変化し「いま買わなければ将来も買えなくなる」、「宅地さえあれば」といった考え方は減少

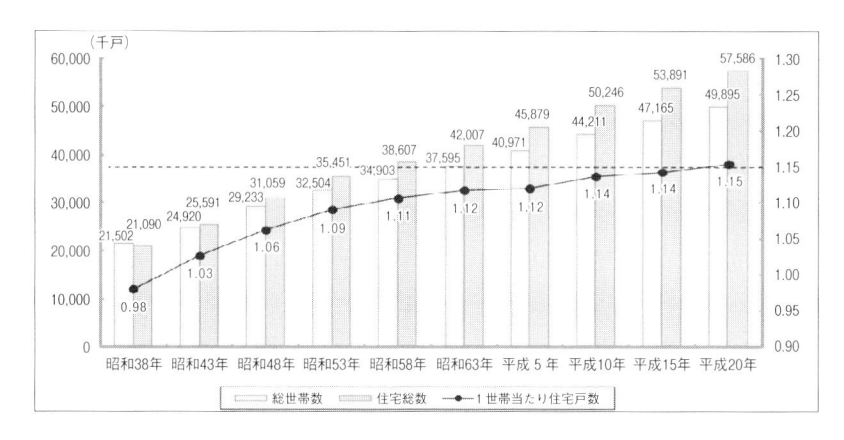

図6-2 住宅総数と総世帯数の推移

（出所）総務省統計局［2013］参照。

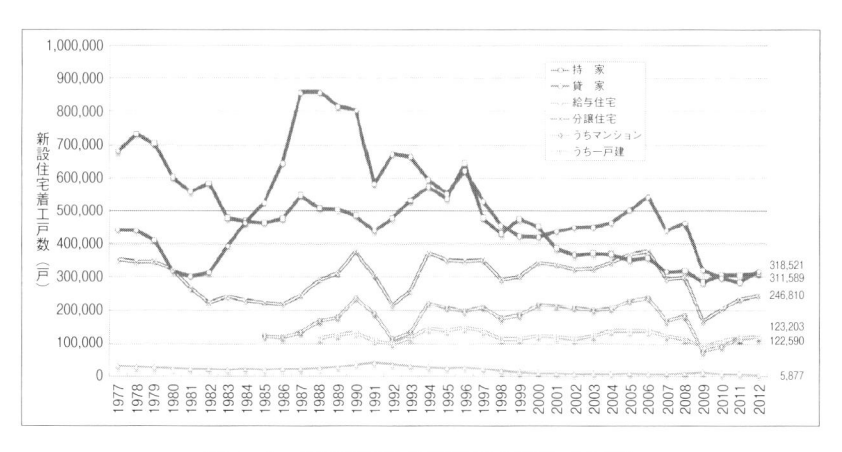

図6-3 用途別新設住宅着工の推移（全国）

（出所）国土交通省［2014］参照。

し、むしろ上物の住宅そのものの資産価値にも強い関心が置かれるように
なってきている。その結果、住宅ローンを回避し"所有から利用へ"といっ
たライフスタイルにあわせた住み替えを求める"積極的賃貸派"の増加をも
たらしたのである。図6-2は日本の住宅総数と総世帯数の推移を示し、図
6-3は用途別新設住宅着工の推移を示したものである。

3.2 日本の農家が抱える諸課題

日本の耕作放棄地面積は拡大傾向が続いている。1985 年までは日本の耕作放棄地はおよそ 13 万 ha のほぼ横ばいであったが、1990 年以降増加に転じ 2005 年には約 3 倍の 39 万 ha を越え、その後もこの傾向は続いている。農家の形態別でみると、最も増加が大きいのが土地持ち非農家（兼業農家）であり、要因として「高齢化等による労働力不足」が 5 割近くを占め、次いで「生産性が低い（海外市場との競争の激化）」、「農地の受け手がいない（後継者不足）」、「土地条件が悪い」等が挙げられる。

農林水産省によれば、2009 年時点での全国の農業就業者の内、65 歳以上の高齢者は全体の 6 割を占めており、現在は 8 割を越えていると指摘する[11]。中でも 60 歳から 64 歳の農業人口の増加が目立つ[12]。アンケートによれば、その多くが農作業を「自分 1 人」または「自分が中心」で行っており、近年では高齢者による農作業中の事故が問題となっている[13]。後継者不足の要因として、高額な農業機械の購入資金や近年の農産物価格や生産量の低下に加え、肥料農薬等の農業生産資材価格の高騰による所得の低下等が挙げられる。兼業農家の場合、その多くは親から受け継いだ田畑を使って自家消費を目的とした中小規模の農家が大半である。さらに平日は会社勤め、農作業は夜間・早朝・休日に行うため、どうしても負担が大きく、親は子供に自分と同じ苦労をさせないために、農業を自分の代で終わらせようとする傾向があるという。

また、農家にとって大きな課題となるのが相続税問題である。土地を所有している農家にとって、先祖代々から受け継いだ土地は"先祖からの預かり資産"であり、手放したくないという気持ちはあるものの[14]、将来予想される多額の相続税の原資を如何にして準備するのかという深刻な問題に直面するのである[15]。

大東建託の営業担当者は、これらの農家が抱える問題に対して、賃貸事業によるメリット（節税対策と家賃収入）を積極的に PR した。節税対策については、通常土地の相続税は路線価（または固定資産税評価額）に基づき評価額が決められ、他の遺産と合わせ基礎控除額（3,000 万円 + 600 万円 × 法定相続

人の数）を超えると相続税が課税されるが、アパートや賃貸マンションを建築した場合、一定割合を土地評価額及び建物評価額から差し引くことが可能となる。さらに銀行から借入した場合、借入金を債務として遺産総額から減額することができ、その他建物建築事業による固定資産税及び都市計画税の軽減措置などがある[16]。また、家賃収入に関しても、入居者から毎月入る現金収入により将来家族に財産と安定収入を残すことが可能となる[17]。

　しかし、顧客の反応は「そもそも満室経営はできるの？」、「家賃を滞納されたらどうするの？」、「家賃相場が変動したらどうするの？」、「建物が壊れたり経年劣化したらどうするの？」といった事業への不安の声が多く寄せられた。いくら賃貸住宅が節税に有効であったとしても、大半の顧客はこれまで賃貸事業に携わったことのない一般の農家であり、賃貸経営に関する知識やノウハウは全く持っていない。それに加えて、賃貸住宅の建設に要する数千万といった多額の資金の調達についても将来の返済を考えると消極的になってしまうのである。

　そこで同社の営業部門では、これらの顧客の声を真摯に受け止め、顧客にとって最も重要なのが賃貸経営を如何に安定的に運用していくかであることに気が付いた。当時、多くの賃貸住宅メーカーが建設するまでは行うが、竣工後のテナント探しや建物の保守維持などは全てオーナーが対応しなければならない、いわゆる“建てっ放し”の状態であった。大東建託の営業部門は、賃貸事業に対する顧客の不安を払拭しなければ市場に受け入れられることは難しいと考え、賃貸事業を安定的に運用していくためには何が必要なのか、様々な側面から顧客が抱える課題を明らかにし、それを如何に払拭できるかについて会社全体で検討を行ったのである[18]。

3.3　賃貸経営受託システムによる営業展開

　2006 年、全国のオーナーからの声を受けて新たに「賃貸経営受託システム」が導入された。「賃貸経営受託システム」は、建物賃貸事業の企画・立案から賃貸建物の設計・施工、入居者斡旋、建物の維持管理など建物に関する総合的なサービスである。しかし注目すべきは、同システムが賃貸事業に

おける様々な収支変動リスクに対応しているという点である。賃貸事業を行うには、空室時の家賃収入の問題や家賃相場の変動、入居者退去時の原状回復費や将来的な建物修繕費の負担など様々な経営不安やリスクがある。「賃貸経営受託システム」は、収入・支出両面での変動リスクに対して、大東建託グループが 35 年にわたりオーナーに代わって賃貸経営に関わるリスクや入居者斡旋や維持管理などの煩わしさを一括して引き受けることによって、賃貸経営に関する知識や経験を持たない農業従事者や個人事業者でも賃貸事業を行うことを可能にした。図 6-4 は大東建託の『賃貸経営受託システム』の概要について示したものである。

「賃貸経営受託システム」が市場に広く受け入れられている要因として、賃貸建物事業に必要となる全ての要素（建設・斡旋・管理・保証等）においてバランスの取れた高い品質のサービスを提供している点にある。2014 年 3 月時点の同社実績としては、賃貸住宅供給戸数 5.9 万戸／年（6 年連続業界第 1 位）、顧客リピート率 54.7 ％、賃貸仲介件数 23.1 万件（4 年連続業界第 1 位）、賃貸住宅管理戸数 80.5 万戸（18 年連続業界第 1 位）、入居率は 96.9 ％と高い数値を維持していることがわかる [19]。

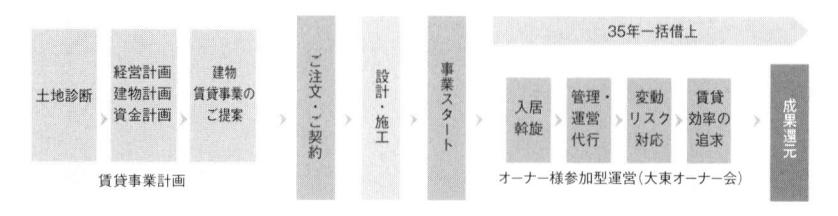

図 6-4　『賃貸経営受託システム』の概要

（出所）大東建託［2016］『賃貸経営受託システム』参照。

①空室・家賃滞納リスクへの対応

（訴求ポイント）

- ・入居者、家賃滞納の有無に関係なく、毎月一定の借上賃料を前家賃で支払う
- ・一括借上契約期間は業界トップクラスの 35 年間
- ・契約期間終了後も 2 年毎に賃貸建物として契約更新が可能

（主な営業施策）

- ・自社内の「仲介専門スタッフ」と全国に展開する「直営の仲介店舗」を配置
- ・仲介専門子会社や全国の提携不動産会社の活用などによる優れた客付け力

②家賃相場変動リスクへの対応

（訴求ポイント）

- ・借上賃料（住居用）は当初 10 年間固定、以降 5 年毎の更新
- ・借上賃料は業界トップクラスの長期固定
- ・家賃相場の影響を受けず、安定した借上賃料を確保することができる

（主な営業施策）

- ・全国に配置した「管理専門スタッフ」による家賃滞納発生時の督促業務など円滑な家賃管理体制の確立

③現状回復費負担リスクへの対応

（訴求ポイント）

- ・オーナーの現状回復費負担は 30 年間一切なし
- ・現状回復費が発生しても、30 年間にわたって大東建託グループが負担
- ・退去立ち会いを全件実施し、長期にわたって安心の建物維持を実現

（主な営業施策）

- ・20 万件以上の年間退居件数による資材の大量一括購入や耐久性の高い材料の採用、一貫した直接施工体制など独自の仕入れや施工体制の確立

④修繕費負担リスクへの対応

（訴求ポイント）

　・経年劣化に対する建物修繕費は大東建託グループが負担

　・2カ月に1回の建物定期検査を実施し、結果をオーナーに報告

　・管理戸数65万戸のスケールメリットを活かしリニューアルを計画的
　　に実施

（主な営業施策）

　・定期的な建物検査による修繕の早期対応や修繕メンテナンスを低減す
　　る建物プランの採用、耐久性の高い資材の導入などによる修繕コスト
　　の徹底管理 [20]

3.4　資産承継コンサルティングによる営業展開

　近年、超高齢化社会に突入し「大相続時代」の到来が叫ばれる中、大東建
託グループは核となる賃貸事業からさらに"相続"をキーとしたビジネスへ
の展開をみせている。

　分割が難しい不動産が相続財産の場合、親族間で分け方を巡って争いに繋
がるケースも少なくない。相続においては、法律上の問題だけでなく、後継
ぎの問題、親の面倒、長男次男の関係、さらには配偶者同士の関係など様々
な要因によって相続者や配分に関する争いに発展するケースがある。大東建
託の営業担当者は、オーナーの相続に関する悩みを聞く機会も多く、オー
ナーからは「不動産の共有トラブルを避けたい」、「老後の世話になる子に多
めに残してあげたい」、「配偶者の姻族に財産がいくのは困る」、「認知症に
なっても安全に資産を守りたい」といった声が寄せられ、自身の相続後の不
動産の管理に関しては、「共有不動産の管理を容易にしたい」、「先祖伝来の
土地は長男家系で引き継いでほしい」、「子供の財産形成をサポートしてあげ
たい」、「障害のある子の将来が心配だ」などの声が挙げられる。

　一般的に不動産オーナーの相続における関心は、「誰に」、「何を」、「どの
ように」引き継ぐかという資産承継が中心であり、従来の遺言・生前贈与・
後見制度等といった方法から近年では信託の活用（アセット・マネジメント）

が注目を集めている。オーナーが最も危惧するのは、自身が子供のために残した財産が原因で、将来兄弟の関係性が悪化したり紛争になったりすることである。しかし、信託を活用することで分割困難な不動産の相続が可能となり、遺言や生前贈与と同様にオーナー自身の思いに沿った資産承継者を定めることも可能となる。また、認知症や身体能力の衰え等があったとしても、信託を活用すれば保有される資産が第三者に悪用されることのない安全な資産管理も可能である[21]。

　大東建託グループでは、これらのオーナーの声を受けて、2013 年に一般社団法人賃貸経営ネットワークを設立し、オーナーを対象とした資産承継に関する様々な情報提供を開始し、2014 年 10 月には顧客からの強い要請を受けて管理型信託会社として「大東みらい信託株式会社」を設立した。

　大東みらい信託では、資産承継に関する情報提供に加え、信託を活用した円満で円滑な資産承継や安全な資産管理のサポートサービスの提供を行って

図6-5　大東みらい信託の提供サービス

（出所）大東みらい信託［2015］ホームページ参照。

いる。従来の「賃貸経営受託システム」による土地活用・資産形成・相続税対策に、大東みらい信託の資産承継サポートサービスを新たに加えることによって、顧客の最終的な目的である“円満で円滑な資産承継”と認識能力低下時の“安全な資産管理”を実現することを目的としている[22]。図6-5は大東みらい信託による提供サービスの概要を示したものである。

おわりに

本章では、大東建託の営業事例について「知識労働者の育成・マネジメント」、「顧客創造の実際」の2つの視点から考察を行った。

「2. 知識労働者の育成・マネジメント」では、大東建託のコンサルティングサービスのシステム化がどのように知識労働者を育成・マネジメントしているのか「組織による顧客志向の実践」、「イノベーション機会の発見」、「マーケティングによる顧客創造」の観点から考察した。

「2.1組織による顧客志向の実践」では、オーナーの建物賃貸事業の安定経営と賃貸利用顧客（入居者）の安心で豊かな暮らしの実現というミッションを組織で共有化することによって、全国のオーナーと共同運営する「大東オーナー会」の設立や、顧客からの問い合わせ情報等を一元管理しグループで共有・活用できる仕組みを構築し、自社の営業力強化やサービス品質向上につなげていることが分かった。

「2.2イノベーション機会の発見」では、時代に応じて事業の再定義を繰り返し発展してきた同社の革新的企業風土と、営業の企業家精神の関係性について考察した。また、営業部門では独自のプロセス管理「飛び込みから契約までのモデルプロセス」を活用しながら、営業課長をはじめとしたミドルクラスのマネジメント強化によって顧客の見極めから顧客が抱える課題やニーズの顕在化を行っていることが分かった。

「2.3マーケティングによる顧客創造」では、土地活用に関する独自の社内資格制度「建託士」を導入することにより営業担当者をはじめとした従業員の総合的な能力向上を図ると共に、同社グループが提供する「賃貸経営受

託システム」において、営業担当者は顧客の相談役となると同時に、各関連部門の仲介役となることでシームレスな連携体制を築き、付加価値の高いサービスを提供していることが分かった。

　次に「3.　顧客創造の実際」では、上記で示された知識労働者を育成・マネジメントする仕組みがどのように実践で成果をあげているのかについて「市場の動向」、「機会の発見」、「課題の解決」の 3 つの視点から考察した。

　「3.1 賃貸住宅業界の動向」では、我が国の人口減少を背景に"所有から利用へ"といったライフスタイルにあわせ住み替えを求める"積極的賃貸派"の増加について考察した。

　「3.2 日本の農家が抱える諸課題」では、大東建託の営業部門は日本の農業の高齢化と後継者不足の問題に着目した。土地活用において節税効果よりも安定した賃貸事業の運営を機会として捉えている点について考察した。

　「3.3 賃貸経営受託システムによる営業展開」では、2006 年に「賃貸経営受託システム」を立ち上げ、建物賃貸事業の企画・立案から賃貸建物の設計・施工、入居者斡旋、賃貸経営開始後の管理・運営に加え、賃貸事業における様々な収支変動リスクに対応したサービスを展開。空室時の家賃収入の問題や家賃相場の変動、入居者退去時の原状回復費や将来的な建物修繕費の負担など収入・支出両面において長期にわたって顧客の賃貸事業をサポートする付加価値を提供していることが分かった。

　「3.4 資産承継コンサルティングによる営業展開」では、大東建託は、2013 年に一般社団法人賃貸経営ネットワークを設け、自社のオーナー向けに資産承継に関する情報提供を開始し、2014 年 10 月には顧客からの信託への要請を受け管理型信託会社として「大東みらい信託株式会社」を設立した。大東みらい信託では、資産承継に関する情報提供だけでなく、信託を活用した円満で円滑な資産承継や安全な資産管理のサポートサービスの提供を行い、顧客に貢献していることが分かった。

　1)　大東建託［2017］ホームページ http://www.kentaku.co.jp/ 参照。
　2)　インタビュー調査より。

3) インタビュー調査より。

4) SCSK［2018］ホームページ https://www.scsk.jp/sp/dcrm/casestudy/01.html 参照。

5) 三鍋［2013］pp.180 – 184。

6) 三鍋［2013］pp.128 – 131。

7) 大東建託［2017］ホームページ http://www.kentaku.co.jp/ 参照。

8) 住宅改良開発公社［2014］p.29。

9) 住宅改良開発公社［2014］pp.31 – 32。

10) 住宅改良開発公社［2014］pp.19 – 21。

11) 農林水産省［2014］参照。

12) 矢口［2013］p.40。

13) 農林水産省［2014］参照。

14) 三鍋［2013］p.132。

15) インタビュー調査より。

16) 大東建託［2016］ホームページ http://www.kentaku.co.jp/ 参照。

17) インタビュー調査より。

18) インタビュー調査より。

19) 大東建託［2016］ホームページ http://www.kentaku.co.jp/ 参照。

20) 大東建託［2017］参照。

21) インタビュー調査より。

22) 大東建託［2014］ホームページ http://www.kentaku.co.jp/ 参照。

第7章

京セラコミュニケーションシステムの
アメーバ経営による顧客創造

1. 企業概要

　京セラコミュニケーションシステム株式会社（KCCS）は、電子部品、情報・通信機器等の開発・製造を行う京セラ株式会社（以下、京セラ）の経営情報システム事業部であり、1995年に京セラとKDDIの共同出資によって設立された。京セラ電子機器株式会社の吸収合併をはじめKCCSマネジメントコンサルティング社の立ち上げのほか、上海、シンガポール、ベトナムへの積極的なグローバル展開などにより創業以来22期連続の黒字経営を続けている。

　社是に「敬天愛人」を掲げ、経営理念は「全従業員の物心両面の幸福を追求すると同時に、人類、社会の進歩発展に貢献すること」とし、同社の事業規模は、資本金2,985百万円、連結売上高106,992百万円、連結従業員3,073名となる。また、同社単体での拠点別の従業員数は、京都本社に約500名、東京支社に約1,000名、大阪支社に約170名が在籍しており、主に、関東地区を中心に事業展開を行っている[1]。

　同社に着目したのは、京セラの経営管理手法であるアメーバ経営のコンサルティング事業を行い、アメーバ経営システムを支えるERP（統合基幹業務システム）「The Amoeba（ザ・アメーバ）」の開発から構築・運用を行っており、京セラグループの中核企業だからである[2]。

　同社の事業内容は、「ICT[3]事業」、「環境エネルギーエンジニアリング事業」、「通信エンジニアリング事業」、「経営コンサルティング事業」の4つで

構成される。主な実績としては、大手航空会社向け基幹業務システムや大手飲料メーカー向け販売管理システムをはじめとした企業の基幹系情報システムの ERP[1] の開発からコンサルティング・運用・保守をはじめ、KDDI など通信キャリアの全国の無線基地局の建設や、再生可能エネルギーの需要拡大に伴い京セラが開発・製造する太陽光発電モジュールの拡販を含めた大規模な太陽光発電システム（メガソーラー）の設計・施工など幅広く事業展開している。

〈KCCS の主な事業〉
「ICT 事業」
　　システムインテグレーション、IoT 通信サービス、プラットフォームソリューション、ERP ソリューション、モバイル通信サービス、広告通信プラットフォーム他
「環境エネルギーエンジニアリング事業」
　　メガソーラー建設、公共・産業用太陽光発電システム、EMS（エネルギーマネジメントシステム）、再生可能エネルギー導入促進他
「通信エンジニアリング事業」
　　モバイル基地局建設、エリアシミュレーション／電波品質改善、自治体向け情報通信インフラ構築、放送関連ソリューション他
「経営コンサルティング事業」
　　アメーバ経営コンサルティング、医療・介護法人向けアメーバ経営コンサルティング、人事コンサルティング、「The Amoeba」の開発・販売、メディア制作他

2．知識労働者の育成・マネジメント

2.1　組織による顧客志向の実践

　京セラの原点は、創業者である稲盛和夫によって築かれた経営哲学・人生哲学の「京セラフィロソフィ」にあり、この経営思想を組織で共有すること

によって同社が目指す全員参加型の経営を実現している[5]。京セラグループでは、京セラフィロソフィの「お客様第一主義を貫く」を営業の基本姿勢とし、下請けの立場ではなく自主独立の立場として顧客を最優先することが徹底されている。自主独立とは、顧客が望むような価値を持った製品を次々生み出していくということであり、顧客のニーズに対して従来の概念を覆し、徹底的にチャレンジしていくという姿勢の表れを意味している[6]。

　これらのフィロソフィを現場に浸透させるために、同社では「京セラフィロソフィを体得し、真摯な努力と弛まぬ創意工夫により、京セラのグローバルな発展と、全従業員の幸福を追求すると同時に、社会の進歩発展に貢献する有為な人材を育成する」ことを教育理念に掲げ、経営幹部をはじめ中堅社員、一般社員やパートや契約社員にまでフィロソフィ教育が徹底されている[7]。また、全従業員には『京セラフィロソフィ手帳』と『京セラフィロソフィを語る』が配布され、実務では部課長クラスなどミドルマネジメントやアメーバ（小集団）のリーダーが宣教師となって、仕事を通じてフィロソフィの浸透と意識向上が図られている[8]。また、日々の朝礼・夕礼時での輪読、グループによるフィロソフィ論文コンクールの開催、大学と連携した学術的研究など様々な試みがなされている。

　京セラグループでは、組織を小集団のチーム（アメーバ）に分け、独立採算制度を導入した独自の経営手法「アメーバ経営」が導入されている。アメーバ経営では、「採算表」と呼ばれる家計簿のような帳簿を用いて、各部門の日々の活動状況を経営層と現場とがタイムリーに把握する。KCCS が開発・構築 / 運用監視を行うアメーバ経営の基幹システムとなる ERP（統合基幹業務システム）「The Amoeba（ザ・アメーバ）」は、採算表を運用するためのデータベースとして、部門別採算の管理会計を運用するシステム（受注生産システム、在庫販売システム、社内売買システム、購買システム、長期債務システム、固定資産システム 他）であり、年度計画や月次予定、実績、数カ月先の見通しなどの採算表の作成・照会・出力機能をパッケージ化したものである。

　同システムによって現場で発生した様々な実績情報（受注・売上・生産・

発注・仕入・経費 他）がタイムリーにフィードバックされるようになり、経営幹部は現場の隅々まで把握することができると同時に、現場のリーダーとも採算表上の数字を元にコミュニケーションがとれ、各部門が抱えている課題の早期発見と解決策への着手が可能となる。また一般社員にとっても、全社の業績に対する所属部門の貢献度、ひいては「自分がどれだけ稼いだか」を認識できるようになるため、経営幹部と同様に採算改善への意識向上につながり、組織内のコミュニケーションも活性化する。

　例えば、同システムの受注生産システムでは、1つの売上に対し、営業・製造の両部門で利益管理を行える仕組みになっている。製造業の一般的システムでは、営業部門は売上だけ、製造部門は材料費などの原価だけしか見えず、どちらも採算（利益）を把握できないまま仕事が進みがちだが、「The Amoeba」は、1つの売上に対して、製造部門では製造原価と営業部門への営業口銭を差し引いて製造部門の採算を明らかにし、営業部門では営業口銭を収入とし、営業経費を差し引いて採算を明らかにすることができる。これによって、営業と製造とが受注獲得に向けて見積価格について意見交換したり、営業活動に製造の技術者が同行するようになったり、部門間連携がより強化されるのである [9]。

2.2　イノベーション機会の発見

　アメーバ経営の目的は、従業員一人ひとりの企業家精神を引き出すことで経営者意識を持つ人材を育成することにある [10]。京セラグループでは、大きな組織を「アメーバ」と呼ばれる小集団に分け、アメーバ毎にリーダーを任命し、経営計画、実績管理、労務管理、資材発注等、経営全般を任せることによって、「自ら挑戦する企業風土」、「目標を達成する風土づくり」、「タイムリーかつ正確な経営判断」を実現している。稲盛は、企業の規模が拡大し、経営者や各部門の責任者が会社全体を管理することが不可能になったときでも、組織を小さなユニットオペレーションに分けて、独立採算にしておけば、そのリーダーが自分のユニットの状況を正しく把握できるという（図7−1参照）[11]。

①大きな組織を「アメーバ」と呼ばれる小集団に分ける

②アメーバ毎にリーダーを任命して、経営計画、実績管理、
　労務管理、資材発注等、経営全般を任せ、共同経営者と
　しての仲間を増やす

自ら挑戦する 組織風土	目標を達成する 風土づくり	タイムリーかつ 正確な経営判断

図 7 - 1　経営者意識を持つ人材の育成

（出所）稲盛［2016］オフィシャルサイト参照。

　京セラグループの営業担当者は、それぞれが "何か新しいことをやり遂げ
てやろう" という強い熱意を持って仕事に臨んでいる[12]。KCCS のプロセ
ス管理は、「事前準備」、「アプローチ・ニーズ把握」、「提案・見積」、「受
注」、「進捗管理〜クロージング」の 5 つに分けて管理する。ヒアリングによ
る課題の顕在化にはじまり、社内エンジニアと共に提案活動を通じて、顧客
ニーズに沿った情報システムを構築していく。受注後は、要求通りの品質・
納期でサービスが提供されるよう、営業はスケジュールの進捗管理を行い、
納品後の代金回収までを行う[13]。

　プロセス管理では、営業担当者自らの経験則と現場主義に徹した仕事の進
め方が求められる。営業にとって仕事の原点は顧客との接点であり現場は宝
の山である。よって営業管理者は、営業担当者に問題意識を持たせることに
よって、常にこれでいいのかということを日々考え、反省し、改善・改良し
ていく姿勢を身に付けさせる。そして営業担当者は、現場に絶えず足を運ぶ
ことによって、問題解決の糸口はもとより、生産性や品質向上、新規受注な
どにつながる思わぬヒントを見つけることができるのである[14]。顧客から
の要望はもちろん、雑談の折にふと発せられる先々の方向性やその他、様々
なメッセージを的確に理解し、研究開発部門・製造部門と協力して期待通り
の製品・システムを実現していくことが重要な仕事となってくる[15]。

　このように同社では、リーダーにチームの経営全般を任せることによって

自ら挑戦する組織風土を醸成すると共に、プロセス管理では営業担当者自身の経験則と現場主義に徹した仕事を通じて、営業担当者に問題意識を持たせることによって、自らが問題解決の糸口を見つけ成果につなげているのである。

2.3　マーケティングによる顧客創造

アメーバ経営のもうひとつの目的は、環境変化に適応するための柔軟な組織体制の確立にある。京セラグループが目指す"市場に直結した組織"とは、単に組織を細分化するだけでなく、アメーバ組織を市場の様々な変化に常に即応できる組織を示している。稲盛は、組織づくりについて次のように述べている。「いま戦える体制をつくらなければ、競争に負けてしまう」、「アメーバ経営を実践する際、硬直した組織であってはならない。現在の組織が市場の実態に合っているかどうかを常に考え、臨機応変に組織を組み直すべきである。事業部の統合や分割といった会社規模での大きな組織から、現場のアメーバ単位の組織まで、市場の動向に合わせて常に進化を繰り返していかなければならない」[16]。

京セラでは、創業当時から組織変更は臨機応変に行われ、過去には朝アメーバをつくって夜には解散ということもあった。アメーバは、最小で3名、最大で50名、平均すれば15名程度から成り、そのほとんどが営業か製造のユニットである。1992年時点では、800ものアメーバがつくられていた[17]。今日でも課レベルのアメーバの分裂、統合、リーダー交代が月に30件程度行われている。加えて、これだけ頻繁に起きる組織変更に即応できるよう、管理システム自体が柔軟にデザインされている。アメーバの分裂と統合については、新たな新規プロジェクトの立ち上げや、現状の組織で経営が見えなくなったとき、リーダーの経営能力に問題がある場合には即座に分裂や統合、リーダーの交代が行われる[18]。

京セラグループでは、「適切な人材がいるから新規事業に進出する」ということを第一の鉄則としており、特に新規事業においては単にビジネスチャンスがあるという理由だけで事業を始めるのではなく、新規事業を担うにふ

さわしい人材がいることを確認した上で事業に乗り出すという。またアメー
バ経営では、組織を細分化しているため、将来性のある新しいリーダーを登
用して仮にうまくいかなかったとしても、会社の屋台骨を揺るがす危険性は
少ない。だから若干経験不足で不安が残る人材であっても、リーダーとして
積極的に登用し、経営者としての自覚と経験を積ませることが大切であると
いう [19]。

　稲盛は、アメーバ組織について、人に管理されて動くのではなく、リー
ダーとメンバー自らが主体的に仕事に取り組むことで、自己の能力を高めて
いける組織であると説明する。しかし自由度の高い組織体であるからこそ、
リーダーとメンバーの経営に対する意識、モラルの高さが問われる。アメー
バ組織の最大のメリットは、リーダーの意思に対して、現場が「打てば響
く」ように即応する仕組みがつくられており、すばらしいアイデアを思いつ
けば、すぐに実行して効果を出すことができるという点にある [20]。図7-2
はKCCSにおけるアメーバ組織のイメージを示している。

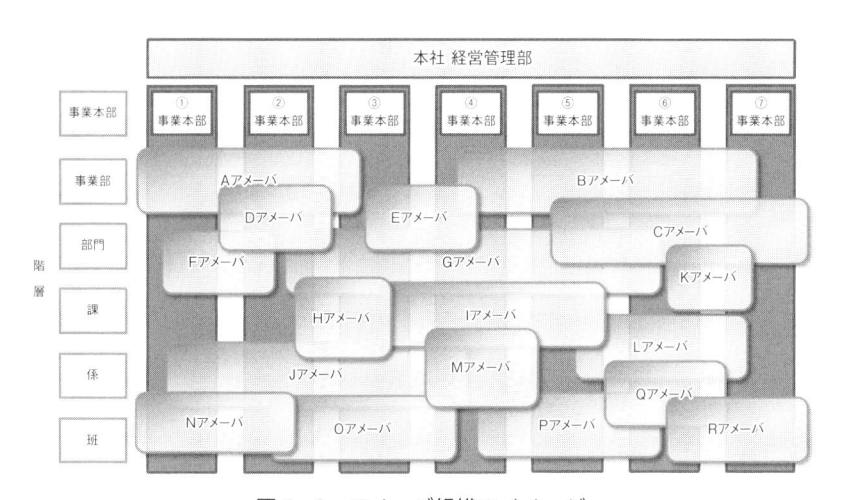

図7-2　アメーバ組織のイメージ

（出所）ヒアリングを基に著者作成。

3．顧客創造の実際

3.1　情報処理サービス業界の動向

　近年、コンピュータやネットワーク技術、情報処理等の進展と共に情報処理サービス産業は大きく発展した。これまでの情報市場の流れをみると、1950 年代後半から 1970 年代後半にかけて「情報処理主力の時代」、1980 年代は「ソフトウェア開発拡大期」・「急成長と SI の時代」、1990 年代前半は「分散型システムへの転換」、1990 年代後半が「ネットワーク化とアウトソーシング化の時代」、2000 年に入り「インターネットの時代」、2010 年からは「クラウドコンピューティングとビッグデータの時代」などの変遷を経て、今日の「社会インフラとしての IT 浸透の時代」を迎えている。

　国内における「情報サービス産業」とは、一般社団法人情報サービス産業協会（JISA）によれば「情報サービス業」と「インターネット付随サービス業」を合算した数値である。同産業の市場規模は、2013 年現在で事業所数 30 千社（36 千事業所）、売上高 20 兆 9,600 億円、就業人口 102 万人にのぼり高い成長指向を示している。内訳は、受注ソフトウェア（46.3 ％）、システム等管理運営受託（10.1 ％）、情報処理サービス（9.9 ％）、ソフトウェア・プロダクト（9.1 ％）、インターネット付随サービス業は 2 兆円程度（9.1 ％）となっている（図7-3、図7-4 参照）。インターネット付随サービスとは、主にポータルサイト・サーバ運営業、アプリケーション・サービス・コンテンツ・プロバイダ、インターネット利用サポート業を指している [21]。

　2002 年には、総務省の「日本標準産業分類」の改訂に伴い、従来の「通信業」から「情報・通信業」へと名称変更され、情報サービス業に該当する企業についても「サービス業」から「情報・通信業」に所属変更されたことによって「情報サービス産業」として社会的地位が確立された。そして、1980 年代以降、情報関連企業による株式上場が次々と続き、今日では東証 1 部・2 部マザーズの合計で 337 社（2014 年 5 月現在）と国内で 2 番目に多い産業の位置付けとなった。

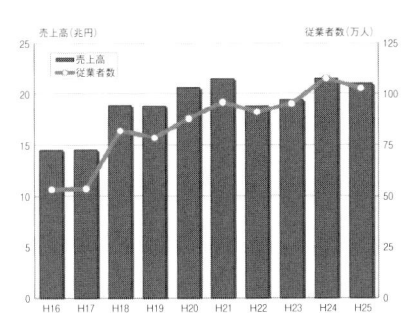

調査年		売上高 （億円）	従業者数 （人）	企業数	全事業 所数
2004	平 16	145, 271	533, 062	5, 217	7, 110
2005	平 17	145, 560	536, 943	5, 050	6, 880
2006	平 18	188, 952	820, 723	11, 932	16, 262
2007	平 19	188, 261	786, 677	10, 715	14, 631
2008	平 20	206, 307	879, 461	13, 586	18, 259
2009	平 21	214, 953	959, 193	18, 228	23, 574
2010	平 22	188, 437	912, 284	17, 362	22, 554
2011	平 23	193, 908	951, 626	24, 511	33, 221
2012	平 24	215, 050	1, 076, 198	33, 288	41, 403
2013	平 25	209, 664	1, 025, 703	30, 079	36, 414

※ 2006、2008、2009、2011、2012、2013 は調査対象の見直し／拡大等があった。
※ 2011 は経済センサス－活動調査（確報）詳細編企業に関する集計の値を使用している。
※ 2006－2013 の売上高には「情報サービス以外の売上げ」を含む。
※ 2008－2013 は「インターネット付随サービス業」を含む。

図 7 - 3　情報サービス産業の売上高

（出所）経済産業省［2015］『経済センサス』参照。

単位：億円

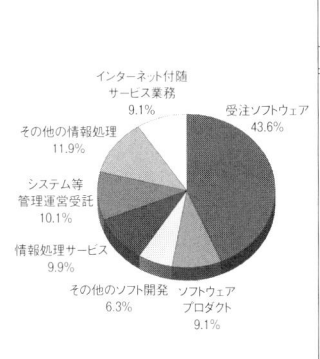

		ソフトウェア業 （小分類 391)	情報処理・提 供サービス業 （小分類 392)	インターネット 付随サービス業 （小分類 401)	計
売上高		126, 189	67, 306	16, 169	209, 664
情報サービス売上高		119, 362	60, 702	15, 233	195, 298
ソフトウェア 業務	受注ソフトウェア	85, 176	11, 885	390	115, 209
	ソフトウェアプロダクト	17, 757			
情報処理・ 提供サービ ス業務	情報処理サービス	14, 421	19, 247	192	62, 253
	システム等管理運営 受託		19, 723		
	その他		8, 670		
インターネッ ト付随サー ビス業務	サイト運営業務	2, 008	1, 178	7, 127	17, 836
	コンテンツ配信業務			4, 142	
	ASP 業 務（ソフト ウェア開発を除く）			578	
	セキュリティサービス 業務			237	
	その他			2, 567	

※業務種類別売上高は各分類の「主業」のみが調査対象となっている。
　　例えば、「ソフトウェア業（小分類391)」事業者の「情報処理・提供
サービス業務」(14, 421 億円）は「従業」となるため、その詳細までは調
査されていない。
※上図は、「195, 298 億円」の主な業務種類別売上高の割合をグラフ化した
ものである。

図 7 - 4　情報サービス産業の比率

（出所）経済産業省［2015］『経済センサス』参照。

3.2　サーバの技術進歩とデータセンターの陳腐化

KCCS では、データセンタービジネスを ICT 事業の大きな柱としている。データセンターとは、主にサーバや各種データ通信装置などを 1 カ所に設置・運用管理し、大量のデータを処理・保管している施設のことを指す。KCCS は、顧客への安心・安全なインターネット環境の提供の他、企業の情報システムの構築から運営までをアウトソーシングしている。

データセンターと利用企業（顧客）のオフィスにある端末機器は、専用回線またはインターネットを介して接続され、データセンターで多数のコンピュータや膨大なデータを集中的に管理するため、サーバが消費するエネルギーコストの効率化や 24 時間 365 日での運用監視体制などによって効率的な運営が可能となる。さらにデータセンターは、高い堅牢性を備え地震などの災害時においても非常用発電設備によってシステムを停止させることなく企業活動を継続することができ、BCP 対策としても有効とされる。日本では、80 年代から 90 年代にかけて全国各地に一斉に多くのデータセンターが建設された。

しかしながら、データセンターの建設ラッシュから約 20 〜 25 年が経過する中で様々なギャップが生じている。多くのデータセンターは、建設当初はメインフレームを前提とした設計となっており、現在のような高密度なサーバの設置は想定されていなかったため、設備の老朽化や古い運用体制など、顧客が必要とするニーズに対してファシリティの能力がついていけないといった問題を抱えていた[22]。またサーバの技術性能の急速な高スペック化に伴い、サーバ 1 台あたりの消費電力も増加し、従来の約 3 倍の電力量を必要とするようになった。同時にこれらを冷却するための空調設備の能力も不足気味になり、部分的な熱だまりや熱ストレスからサーバ停止などのリスクが高くなっていた[23]。

サーバの技術進歩により、消費電力や発熱量の増加に加え、サーバの重量化も進んだ。これによって標準的なデータセンターでは従来 1 ㎡あたり約 300kg を想定していたものが、現在では約 1t ／㎡もの耐荷重が求められるようになってきた。その結果、データセンター内にラック設置用のスペース

はあるものの、供給電力や空調能力、耐荷重などの問題によってサーバを設置できないといったケースが散見されるようになっていた。図7-5はデータセンターのイメージを示している。

　KCCSの営業部門では、これらのギャップに注目し、今後データセンターの乗り換え需要（移設）が高まることを予想していた。だが、データセンターの移設といっても簡単ではなく、移設するにはシステムを一旦停止しなければならないため顧客にとって大きな事業リスクと多額の損失が生まれてしまう。さらにデータセンターの移設には、顧客の機密情報が入った重要なファイルサーバなどを外部に持ち出さなければならないため盗難の危険性や、新システムでの正常な稼働が本当に可能かどうかなどの問題があった。そのため多くのデータセンター事業者は、事業リスクが高いという理由から移設にかかる業務は顧客側での対応とするケースが大半であった。

　顧客の情報システム部門においても、最新のデータセンターへの乗り換えによるメリットを認識していながらも、移設にかかる事業リスクや自部門でのリソース不足などを理由になかなか移設に着手することができないといっ

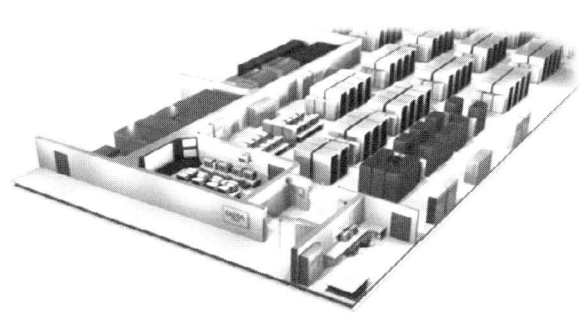

電源
急に電力供給の停止や入力電圧の低下が起きても、定電圧定周波数装置（CVCF）によって、連続して1時間、安定した電圧、周波数の電力が供給可能。また、無給油運転6時間の能力を持つ自家発電設備を設置しています。

漏水
漏水による機器のダメージを防ぐため、天井、および床に漏水防止処置を施しています。

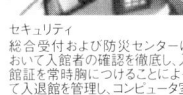

セキュリティ
総合受付および防災センターにおいて入館者の確認を徹底し、入館証を常時胸につけることによって入退館を管理し、コンピュータ室への入退室は、静脈認証によって資格確認と入室の記録によって管理します。

火災
ハロゲン化物消火設備・煙感知器・熱感知器を設置し、火災をいち早く感知しすみやかに消火、また、被害を最小限度に抑制するため、防火扉・接煙設備を設置しています。

地震
建屋は、高層建物に対する法規上の要求を満たす構造を持ち、コンピュータ室に免震床（ダイナミック・フロア）を採用し、地震波の衝撃を相殺してダメージを防ぎます。

障害
マルチプロセッサ・システム、サーバ・ネットワーク機器の冗長構成によって、障害対策を施すほか、アクセス資格管理（アクセス制御・パスワード）よりデータの破壊および不正使用を防止しています。

図7-5　データセンターの概要

（出所）KCCS［2016］ホームページ参照。

158

た状況が続いていた。そのため多くの企業（顧客）では、IT人材の急速な需要拡大により情報システム部門の人材確保と早期育成が喫緊の課題となっていた。

3.3　ITインフラ再構築による営業展開

　KCCSの営業部門では、これらの顧客の問題に対応すべく新規のプロジェクト立ち上げに向け、社内の他部門に対して広く賛同者を募った。その結果、真っ先にデータセンター事業部長からデータセンタービジネスの付加サービスとしてサポート事業を立ち上げたいとの申し出があった。データセンター事業部も他社との差別化を図るために、新たな付加価値を模索していたのである。しかし、そのためにはサポート業務によるコスト上昇が大きな課題となってくる。営業部門は、データセンター事業部に相談して、サポート業務単体で収益性を判断するのではなく、データセンター事業の付加価値の一環として捉え、サポート業務の受注拡大を図ることによって採算は合うと考えた[24]。

　新たなソリューションとして、これまでの顧客の課題に基づいて「データセンター移設/統合ソリューション」、「仮想化インテグレーション」のサービスを立ち上げた。当時、仮想化（クラウド）技術があまり市場で認知されていなかったこともあり、同社による仮想化技術を用いたソリューションの展開は画期的なものだった。これにより、顧客のITシステムの再構築を図ることによって、ファシリティ面での堅牢性の向上、運用面でのサービスレベルの向上、ITツールのライフサイクル管理やサーバのダウンサイジングなどによりITシステム環境の全体最適化を図ることが可能となった。

①データセンター移設/統合ソリューション
　顧客のデータセンターにあるサーバ群をKCCSデータセンターに移設/統合を行う。効率的かつ確実に移設/統合を行い、監視・運用サービスを提供することで顧客視点に立った可用性の向上とコスト削減を図る。まず「ロケーション・ネットワーク・運用の集約」にて現状調査から移行設

計、移行準備、移設リハーサル、運用設計、並行運用・監視、スタッフ教育までを行い、次に「サーバ統合」によって KCCS のデータセンターに移設を実施する。さらにシステムの正常性や運用フロー・監視内容の見直し、IT 資産の棚卸の実施、従来システムの問題点・課題点の抽出、移設設計や移設段階で改善することで、システム全体の堅牢性を高めることができる（図7-6参照）[25]。

②仮想化インテグレーション

情報システムの拡大・複雑化により分散化した顧客のサーバやストレージを集約・統合するサービス。「コンサルティング」にて現行サーバ・ストレージのハードウェア・ネットワーク・OS・アプリケーション構成などの環境や、リソース利用状況などのパフォーマンスに関するヒアリング・調査を行い、仮想化・非仮想化の判別を行う。「要件定義・設計」にて仮想環境への運用設計・移行設計を行う。「環境構築・テスト」で基本 / 詳細設計に基づき、ソフトウェアの設定などを行い、仮想環境を構築し、既存のサーバから仮想環境への移行作業を行う。さらに仮想環境でのアプリケーションの動作確認テストを実施する。最終的に「運用」で顧客への仮

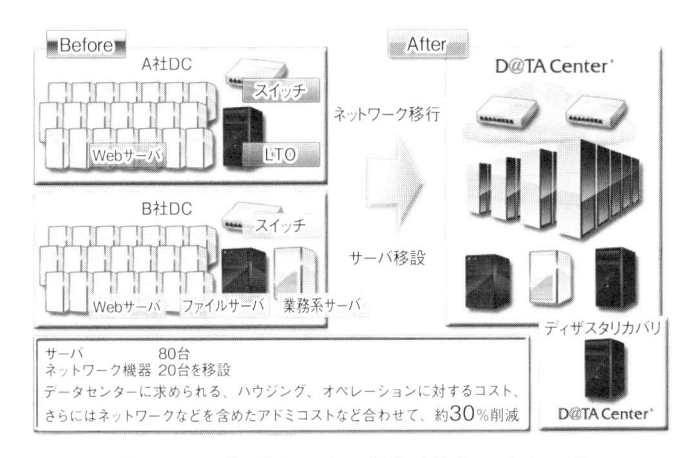

図7-6　データセンター移設 / 統合のイメージ

（出所）KCCS［2018］ホームページ参照。

想環境の運用・管理方法や各種ツールの利用方法について、教育を実施する。これによって、サーバやネットワークの最適化を実現すると同時に、業務プロセスや業務アプリケーションが部門毎に最適化され、オペレーションコストの削減を図ることが可能となる[26]。

3.4　サポートデスクによる営業展開

顧客のサポート業務において、KCCSが目指す顧客を知り尽くした「常駐する営業マン」になるには、データセンターとサポート業務の両方を担う必要がある。近年、企業において情報システムが重要な経営基盤となる中で、データセンターによるサーバ管理業務だけでなく、従業員が使用するパソコン、ソフトウェア、アプリケーション等のサポート業務も年々重要性を増してきている。

情報システムのサポート業務は、主にユーザー（顧客の従業員）がパソコンの設定などで困ったときに遠隔で電話応対する「①ヘルプデスク」と、実際に現地にてユーザーのパソコンの設定作業等を行う「②デスクサイド」の2つから成る。サポート業務の主な役割は、顧客の業務効率化にどれだけ貢献するかであり、そのためには現場の柔軟性や迅速さ、スタッフの知識の広さなどが要求される[27]。

しかしながらアウトソーシングベンダーでデータセンターとサポート業務を単独で対応できる企業は少なかった。さらに多くの企業では自社のサポート体制について様々な課題を抱えていた。そうした中、KCCSの営業担当者は、遠隔で電話応対を行う「ヘルプデスク」と、現地で実際に復旧作業や設定を行う「デスクサイド」との連携不足に着目した。両者のコミュニケーションや連携がうまくいかないために、顧客がヘルプデスクに指示した内容を、デスクサイドの担当者に再度説明しなければならなかったり、両者間での誤った情報伝達によって誤った設定作業を行ってしまうケースや、最悪の場合、顧客の事業に影響を与えてしまうといったケースもある。例えば、ユーザーが製薬メーカーの場合、MRと医師との情報のやりとりの中でシステムやデータに障害が発生すると、医療サービスそのものに影響を及ぼしか

ねない。

　そこで KCCS の営業部門は、技術部門の協力を得てサポート業務を通じた顧客へのサービス品質向上を目的に、「ヘルプデスク」と「デスクサイド」の 2 つの機能・組織を統合し、KCCS のサポート担当者を現地に常駐させると共に、従来の障害対応をメインとするサポートから IT のビジネス活用へのサポートを目指す「サポートデスク」を新たに立ち上げた。図 7-7 はサポート体制の改善のイメージを示している。従来のように顧客サポートを 2 拠点に分けた体制ではなく、サポート担当者が客先に常駐することで、顧客からの障害受付と復旧 / 変更作業の連携不足を解消すると共に、更なる戦略的な IT 基盤の強化を図り、データセンター担当者とも連携した総合的なサポート体制を構築することにより、サポート業務のサービス品質向上と顧客（情報システム部門）の負担軽減を実現した [28]。

　顧客から高い評価を得たのは、「ヘルプデスク」と「デスクサイド」の統合によってシームレスなサポート体制を築いたこと以上に、データセンターの運用保守とサポート業務の両サービスを 1 社単独で提供できるという点であった。これまで多くの企業でシステムの運用保守を行う企業とパソコンなどのクライアント端末をサポートする企業が異なっていたため、上記同様に両者間での情報連携が大きな問題となっていたのである。

　KCCS の現場の担当者は「我々は"常駐する営業マン"を目指している。アウトソーシング業務は注文された通りのことをやる外注では決してない。

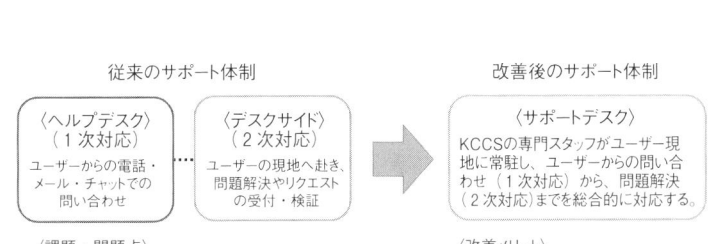

図 7-7　サポート体制の改善

（出所）著者作成。

顧客の推進メンバーの一員として、その業務から得られる知識を基に、顧客の経営改革にまで踏み込むような提案を行うことを目指し、日々サービスレベルの維持と向上に取り組んでいる」と語った[29]。

また、顧客の担当キーマンは「社内の KCCS のサポートデスクとデータセンターに対する評価は高い。サポートデスクは社内に移し回線数が減ったため、当初、電話が繋がりにくいという不満が出たが、最近では回線占有率も大幅に減少し、ユーザーの満足度は劇的に高くなっている。そろそろ弊社の業務のやり方などの問題点を KCCS は把握できる時期にきたのではないかと考えている。KCCS には 1 日も早く弊社の業務改善に役立つ提案をしてもらい、売上を伸ばして欲しい」と高く評価している[30]。

おわりに

本章では、KCCS の営業事例について「知識労働者の育成・マネジメント」、「顧客創造の実際」の 2 つの視点から考察を行った。

「2. 知識労働者の育成・マネジメント」では、KCCS のアメーバ経営がどのように知識労働者としての営業担当者を育成・マネジメントしているのか「組織による顧客志向の実践」、「イノベーション機会の発見」、「マーケティングによる顧客創造」の観点から考察した。

「2.1 組織による顧客志向の実践」では、創業者の稲盛による経営哲学「京セラフィロソフィ」の現場への徹底した教育体制について考察し、アメーバ経営の基幹システムである「The Amoeba（ザ・アメーバ）」を導入することで、各部の実績状況を経営層と現場とがタイムリーに共有すると共に、営業活動の迅速な意思決定と行動につなげていることが分かった。

「2.2 イノベーション機会の発見」では、アメーバ毎にリーダーを任命し、経営計画、実績管理、労務管理、資材発注等、経営全般を任せることによって自ら挑戦する企業風土を醸成している事例を取り上げた。営業のプロセス管理においては、特に自らの経験則と現場主義に徹した仕事の進め方が重視され、営業担当者の問題意識の向上と現場主義の徹底によって新たな需要や

問題解決の糸口の発見につなげていることが分かった。

「2.3 マーケティングによる顧客創造」では、環境変化に適応するための柔軟な組織体制について取り上げた。単に組織を細分化するだけでなく、柔軟にアメーバを組み替えることで様々な異なる人材が集まり知識やアイデアを出し合い創造性の促進を図っている。その中でリーダーには積極的に機会を与えると共に、メンバーも自らが主体的に仕事に取り組むことにより自らを高める仕組みを構築していることが分かった。

次に「3.　顧客創造の実際」では、上記で示された知識労働者を育成・マネジメントする仕組みがどのように実践で成果をあげているのかについて「市場の動向」、「機会の発見」、「課題の解決」の3つの視点から考察した。

「3.1 情報処理サービス業界の動向」では、情報処理サービス業界の変遷について考察すると共に、市場の動向について考察した。

「3.2 サーバの技術進歩とデータセンターの陳腐化」では、KCCS の営業部門によるデータセンターの経年劣化やサーバの技術進歩による顧客ニーズとのギャップの発見と、データセンターの乗り換え需要の高まりについて考察した。

「3.3 IT インフラ再構築による営業展開」では、これまで顧客にとって事業リスクが高いとされた「データセンター移設 / 統合ソリューション」、仮想化技術によりサーバのダウンサイジングを行う「仮想化インテグレーション」の2つのサービスを立ち上げ、IT システム移設・運用にかかるコストの大幅な削減に貢献していることが分かった。

「3.4 サポートデスクによる営業展開」では、ユーザー（顧客の従業員）が困ったときに遠隔にて電話応対する「ヘルプデスク」と、現地でユーザーのパソコン設定等を行う「デスクサイド」との連携不足への課題解決として、KCCS はこの2つの機能を統合した「サポートデスク」を新設すると共に、データセンターとの連携を行うことでサービス品質の向上を図っていることが分かった。

1） KCCS［2017］ホームページ http://www.kccs.co.jp/ 参照。

2） KCCS［2017］ホームページ http://www.kccs.co.jp/ 参照。

3） Information Communication Technology。コンピュータやインターネット関連情報通信技術を示す。

4） Enterprise Resource Planning。調達・購買、製造・生産、物流・在庫管理、販売、人事・給与、財務・会計など、企業を構成する様々な部門・業務の扱う資源を統一的・一元的に管理することで、部門毎の部分最適化による非効率を排除したり、調達と生産、生産と販売など互いに関連する各業務を円滑に連携・連結したりする。

5） 国友［2001］pp.196 - 199。

6） 稲盛［2001］p.18。

7） 上總［2010］p.65。

8） 国友［2001］pp.196 - 199。

9） KCCS［2018］ホームページ https://www.kccs.co.jp/consulting/column/2015/008/ 参照。

10） 三矢［2003］p.74。

11） 稲盛［2006］p.47。

12） 京セラ［2018］ホームページ http://www.kyocera.co.jp/ 参照。

13） KCCS［2017］ホームページ https://www.kccs.co.jp/ 参照。

14） 稲盛［2016］オフィシャルサイト https://www.kyocera.co.jp/inamori/ 参照。

15） 京セラ［2018］ホームページ http://www.kyocera.co.jp/ 参照。

16） 稲盛［2006］pp.113 - 115。

17） 三矢［2003］p.11。

18） 三矢［2003］pp.120 - 124。

19） 稲盛［2006］pp.110 - 111。

20） 稲盛［2006］pp.114 - 117。

21） JISA［2014］ホームページ http://www.jisa.or.jp/ 参照。

22） 白井［2013］参照。

23） 白井［2013］参照。

24） 大山［2009］参照。

25） KCCS［2018］ホームページ https://www.kccs.co.jp/ict/service/relocation-integration/ 参照。

26） KCCS［2017］ホームページ http://www.kccs.co.jp/case/0903/index.html 参照。

27） KCCS［2017］ホームページ http://www.kccs.co.jp/case/0903/index.html 参照。

28） KCCS［2017］ホームページ http://www.kccs.co.jp/case/0903/index.html 参照。

29） KCCS［2017］ホームページ http://www.kccs.co.jp/case/0903/index.html 参照。

30） KCCS［2017］ホームページ http://www.kccs.co.jp/case/0903/index.html 参照。

終章

ビジネス市場における営業改革に向けて

　本章では、第4章で提示された理論的フレームワークに基づき、事例分析からの発見を加え、「営業プロセス・イノベーション」を改めて整理し直し総括を行う。第5章、第6章、第7章では生産財企業3社である電気設備工事会社、賃貸住宅メーカー、情報サービス会社の3つの事例を取り上げたが、第4章までの理論的な検討で導出された理論的フレームワークが確認され、また残された問題に対する示唆が得られたと考える。

1.「営業プロセス・イノベーション」再考

1.1　組織による顧客志向の実践についての分析視点

　高嶋は、従来の個人型営業が抱える問題として、担当者レベルでの過剰な顧客志向が情報の属人化・固有化を招き、情報の共有化が進まないという問題に着目し、『営業プロセス・イノベーション』の中で、個人型営業から組織型営業への転換を図るための仕組みとしてデータベース営業を提唱した。これよって個々の営業担当者が持つ顧客に関する情報や営業活動の情報、商品に関する情報をデータベース化し、営業部内または他部門と共有することで、組織としての営業の基盤づくりを目指した。

　その一方で、データベース営業には、次のような問題が指摘されている。単にデータベースだけを導入しても情報を蓄積することばかりが重視されてしまい、知識をどのように活用し成果に変換させるのかといった課題が具体的に明らかにされていない。その結果、営業現場にデータベースの有効性がうまく伝わらずに、単なる履歴管理として終わってしまっているという問題があった。

　知識を活用し成果をあげるという課題に対し、米国におけるセールスマンの創造性に関連する研究の中で一定の回答が出されている。顧客創造において重要な要素となる市場志向（顧客志向、競合対応、部門間協調）の研究において、組織による短期的志向は販売を優先しようとするセールス部門と顧客ニーズを優先しようとするマーケティング部門の部門間のコンフリクトや対立を招き易いが、組織が長期的志向に立つことによってセールス部門とマーケティング部門が協調し、優れた顧客価値を生み出すことが明らかにされた。

　またドラッカーは、知識労働の視点から仕事を定義すること、また組織に対しての貢献に焦点をあてることの重要性を指摘しつつ、顧客が何を課題としているのかを起点とすることによって、おのずと何をどうするかは見えてくるものであると論じている。しかしながら、ドラッカーは組織が顧客志向を実践するために現場において如何なる仕組みを必要とするかについては、具体的には明らかにしていない。

　事例研究では、3つの事例分析を通して組織としての顧客志向をどのように実践しているかについて分析を行うと共に、その中でデータベースが如何に活用されているかについて考察を行った。

　サンテックでは、顧客の企業価値の向上をミッションに掲げ組織で共有化することで、営業部門と工事部門の連携による施主営業強化に向けた活動について取り上げた。そこでは、各部門が保有する情報をデータベース化することによってリニューアル等の新たな需要発掘につなげていることが分かった。

　大東建託では、建物賃貸事業の安定経営と賃貸利用顧客の安心で豊かな暮らしの実現というミッションを組織で共有化することにより、顧客情報をデータベースにより一元管理し、グループ間で共有・活用できる仕組みを構築し、グループの営業力強化やサービス品質向上につなげていることが分かった。

　KCCSでは、稲盛が築いた経営哲学「京セラフィロソフィ」をベースとし、「利他の心」と「お客様第一主義を貫く」を共通のミッションとすることで、独自の経営手法「アメーバ経営」の基幹システムである「The

Amoeba（ザ・アメーバ）」を活用して、各部による日々の実績状況を経営層と現場とがタイムリーに共有し、迅速な意思決定と行動につなげていることが分かった。

1.2　イノベーション機会の発見についての分析視点

　高嶋は、従来の個人型営業が抱える問題として、売上や利益など結果だけを重視したアウトプット管理、すなわちマネジャーが営業担当者に対して「がんばれ」、「気合を入れろ」といった無限定な努力を要求する営業管理の問題に着目し、新たな管理様式として営業をいくつかのプロセスに分解し営業担当者の行動を管理するプロセス管理を提唱した。プロセス管理では、各段階で何をすべきかについてチェックポイントを設定することにより、問題の早期発見や営業の仮説検証による改善効果が期待された[1]。

　しかしながら、プロセス管理が短期的な目標達成のための評価手段として用いられた場合、営業担当者の学習を限定したり、阻害するリスクが指摘されている。例えば、フィードバックのないまま営業担当者の行動を管理するだけの仕組みになってしまったり、マニュアル化によって変化への対応や個による創意工夫を引き出すことが困難になる等、人材育成上の課題が残されている。

　また米国の創造性研究では、創造力のあるセールスマンが変化する環境の課題に対して、より周到に、責任を持って対応することが明らかにされた。そのためには、自身の通常の役割や日々の業務を越え市場を感じ取り、外部環境で何が起きているのか理解する能力がセールスマンに必要であると論じている。だが、セールスマンの創造性研究ではアイデアを如何に実現し成果につなげてゆくのかについて十分議論されているとはいえない。

　ドラッカーは、個が持つ創造性以上に成果をあげることの重要性を主張しつつ、イノベーション機会は、トップから降りてくるものであったり、技術的大発明などではなく、いわば変化への適応であり、そのためには知識労働者の持つ企業家精神を引き出すことが重要であると論じている。しかし、組織が現場の企業家精神を発揮させるには如何なる育成やマネジメントの仕

組みが必要であるかについては議論の余地が残されている。

　事例研究では、3つの事例分析を通して組織が如何にしてイノベーション機会を発見しているのかについて分析を行うと共に、その中でプロセス管理がどのように活用されているかについて考察を行った。

　サンテックでは、人事評価において顧客の新規開拓や営業分野の新規開拓など価値創出に重点を置いた評価制度を取り入れることにより、新たなビジネスにチャレンジしようとする風土を醸成し、営業のプロセス管理を通じて市場の動向や顧客の潜在需要の深掘りを行っていることが分かった。

　大東建託では、時代に応じて事業の再定義を繰り返し発展してきた同社の革新的企業風土と営業の企業家精神の関係性について考察し、独自のプロセス管理「飛び込みから契約までのモデルプロセス」を活用しながら、営業課長をはじめとしたミドルクラスのマネジメント強化によって顧客の見極めから顧客が抱える課題やニーズの顕在化を行っていることが分かった。

　KCCSでは、アメーバ毎にリーダーを任命し、経営全般を任せることによって自ら挑戦する企業風土を醸成していることが分かった。そして営業のプロセス管理では、営業担当者自らの経験則と現場主義に徹した仕事の進め方が求められ、営業の問題意識の向上を図ることで新たな需要や問題解決の糸口の発見につなげていることが分かった。

1.3　マーケティングによる顧客創造についての分析視点

　営業という仕事が製品の販売から組織レベルでの課題解決へ移行する中で、高嶋は営業部門、設計・開発部門やエンジニアリング部門、顧客サービス部門など異なる職能部門がチームとして横断的に営業する仕組みとしてチーム営業を提唱した。チーム営業は、従来の顧客との個人的関係から組織間による中長期的な関係の構築へと発展させることを目的としている[2]。一方で、チーム営業は部門間のコンフリクトや出身部門の文化や言語といった様々な連携上の問題や、単に複数部門からスタッフを集めるだけではチームとして有効に機能せず、顧客価値の創造にはつながらないなどの課題が指摘されている。

　その課題に関連し、米国セールスマンの創造性研究では組織レベルでの創造性の発揮について、個人と組織の両面においてそれぞれ創造性メカニズムがある場合において、最大限のイノベーションのパフォーマンスが得られることが明らかにされている。

　またドラッカーは、知識労働の特性である専門的知識の断片性について触れ、組織として成果をあげるには自らの知識を別の知識と組み合わせる必要があると論じている[3]。またチームを有効に機能させるには、リーダー及びメンバーの強みの発揮に加え、4つの顧客創造戦略（効用戦略、価格戦略、事情戦略、価値戦略）が重要であると述べている。しかしながら、ドラッカーは知識労働の特性や強みの重要性については説明したものの、現場においてそれぞれの強みを発揮させるために如何なる仕組みが必要かについては、具体的には明らかにしていない。

　事例研究では、3つの事例分析を通して組織が如何にしてチーム営業の仕組みを用いて、如何なる価値創出を図っているのかについて分析を行うと共に、その中でチーム営業が有効に機能するためのマネジメント上の要因について考察を行った。

　サンテックでは、自らが得意とする業界をつくることで、特定の業界に精通したマーケティング知識と人的ネットワークを構築している。またパートナー企業の開拓やビジネス・マッチングの経験を通じコーディネーターとして育成することにより、チームにおいてリーダーとして幅広い人脈の中から強みを持つ企業や人材を集め、強力なチームを築いていることが分かった。

　大東建託では、土地活用に関する独自の社内資格制度「建託士」を導入することにより営業担当者をはじめとした従業員の総合的な能力向上を図ると共に、同社グループが提供する「賃貸経営受託システム」において、営業担当者は顧客の相談役となると同時に、各関連部門の仲介役となることでシームレスな連携体制を築き、付加価値の高いサービスを提供していることが分かった。

　KCCSでは、環境変化に適応するための柔軟な組織体制について取り上げた。単に組織を細分化するだけでなく、柔軟にアメーバを組み替えることで

様々な異なる人材が集まり知識やアイデアを出し合い創造性の促進を図っている。その中でリーダーには積極的に機会を与えると共に、メンバーも自らが主体的に仕事に取り組むことにより自らを高める仕組みを構築していることが分かった。

2. 本研究の到達点

2.1 研究の総括

　本研究は、高嶋の営業プロセス・イノベーション（データベース営業、プロセス管理、チーム営業）の仕組みを創造的に活用し、成果をあげるために必要となるマネジメント上の理論的示唆を得ることを目的としている。

　本研究を通じて、営業プロセス・イノベーションの仕組みの導入において最も考慮すべきは企業の営業戦略とのつながりであり、中でも情報は目的を明確にしなければ無限に広がっていくという特性を持つことから、ドラッカーの顧客創造の理論的フレームワークを営業のマネジメント上のゴール（目的）として紐づけてプロセス化することで、はじめて仕組みがその意図通りに活用され、結果事業の成果に貢献していることが明らかとなった。つまり仕組みを起点とするのではなく、まず目的や成果をあげる活動が如何なるものかを明確にした上で、それらを活動の中に如何に組み込んでいくのかということから議論しなければならないのである。

　そもそも仕組みが有効に機能するとは、営業担当者が仕組みを使って自ら頭を使い考え、観察し、話し合い、行動や意思決定につなげている状態のことを示す。どんなに高機能で優れた仕組みであっても、システム自体が経営やマネジメントの主体者になることはなく、あくまでもこれらを支援するツールである以上、「マネジメント」や「戦略」の観点から評価・活用しなければ意味を持たない。もし誤って導入されれば、事業や営業の人材育成において大きな損害を与えてしまう危険すらある。したがってデータベース営業、プロセス管理、チーム営業は、営業担当者が自律的かつ生産的に、協働し合いながら成果をあげていく活動をサポートするための仕組みであり、マ

ネジメントの過程においてこれらの仕組みをどう活かしていくかがポイント
になってくる。例えば、「このシステムを導入することで、このように顧客
価値、顧客満足を高めたい」「このシステムにより、社員の自律性をこのよ
うに高めたい」といった目的の共有こそが大切となる [4]。

　次に営業プロセス・イノベーションの仕組みの活用についてである。本研
究を通じて、企業が知識労働者として営業担当者を育成・マネジメントする
ことによって、現場において営業プロセス・イノベーションの仕組みが創造
的に活用され、自社の技術や製品の付加価値を高めつつ顧客のイノベーショ
ンを実現していることが分かった。そして、それは一部の上位職者や経営層
によるトップダウンではなく、営業課長をはじめとしたミドルクラスが中心
となって営業の人的資源をより生産性の高い価値創出の領域に割りあて、営
業担当者の持つ強みを発揮させることで成果をあげていることが分かった。

　ここでは、事例研究で設定したリサーチ・クエスチョン「企業が知識労働
者としての営業をどのように育成・マネジメントすることによって、営業プ
ロセス・イノベーションの仕組みを創造的に活用し、組織の成果につなげて
いるのか」という問いに対し、序章で挙げた3つの課題に従い、事例分析か
ら得られた知見を総括し、理論的・実践的含意について述べる。

　課題①「組織による顧客志向の実践」について以下の点が明らかになった。
　　ここでは、営業担当者個人による偏った顧客志向の是正が主題であ
　る。本研究を通じて、企業は特定の製品やサービスの販売といった売り
　手の視点ではなく、顧客の企業価値向上を自らのミッションとし、それ
　を現場の実務担当者レベルまで徹底することによって、情報共有を通じ
　て組織全体の顧客志向を高めていることが分かった。
　　その中でデータベースをはじめとした仕組みは、これらを実現するた
　めの重要な情報基盤として、営業活動において迅速な意思決定や提案力
　強化、サービス品質向上に活用されていることが分かった。データベー
　ス営業を有効に機能させるためには、導入段階において具体的な目的や
　メリットを明確にすると共に、成果をあげる上で必要な情報は何か、そ

れを誰と共有し、そこから得られるアウトプットは何かについてメンバー間で充分検討しなければならない。そのためには、往々にして自身の業務の遂行に向きがちな営業担当者の意識を、成果・貢献に向けさせ、組織で目的やミッションを共有することが重要なマネジメントの仕事となってくる。

　中でもデータベースを活用する実務担当者レベルの情報の共有は、営業活動に直接影響することから重要であり、仮に目的やミッションが共有できない場合（各部門の方向性が異なったり、実務担当者レベルまで落とし込みがなされていない等）、例え自部門にとって価値ある情報であっても、共有する部門にとって価値を見出すことができず一方通行となり易く、アウトプットにつなげることは困難になる。そのためデータベース営業の導入においては、連携先とのミッションの共有は重要であり、明確な目的設定の下、営業活動と連動させて段階的に構築していくことが有効といえる。

　組織での顧客志向の実践を目的とした情報共有の具体的事例としては、営業部門と工事部門との既存顧客に関する情報共有による新たな需要発掘への取り組みや、グループ間における顧客情報の共有化による新たな営業様式の確立やサービスの差別化への取り組み、経営層と現場による実績情報の共有化による迅速な営業体制の実現などが挙げられる。

課題②「イノベーション機会の発見」について以下の点が明らかになった。
　ここでは、営業活動を通じた市場の変化や顧客の潜在需要の発見が主題である。本研究を通じて、プロセス管理をはじめとした目標管理の仕組みは、営業担当者の内発動機付けとセルフコントロール（自己統制）を行うための仕組みに加え、市場の変化や顧客の潜在需要の深掘りを行うための仕組みとして活用されており、営業に精通したベテラン営業等が中心となり、新たな需要発掘や自社の優位性の確立といった視点からプロセス指標を設定することで、営業担当者の問題意識の向上を図っていることが分かった。

　プロセス管理を有効に機能させるには、とかく目先のプロセスばかりに関心が行き過ぎたり、管理者のためのオペレーションの仕組みとして捉えられがちであるが、各プロセスにおいて営業担当者の意識を市場の「変化」に向けさせるために、現場の企業家精神を引き出すことが重要なマネジメントとなってくる。加えて、営業担当者をサポートする営業課長によるアドバイスによる気付きや営業部内において各自の営業活動の進め方に関して意見交換できるような創造的な社風をつくり上げていくことも重要な要素であることが分かった。

　中でも営業担当者による価値創出に向けた革新的意識は、営業活動に対する問題意識と密接に関係している。営業課長はプロセス管理を通じて、営業担当者に常にこれでいいのかということを日々考え、反省し、改善・改良していく姿勢を身に付けさせることにより、営業担当者は現場に絶えず足を運び、問題解決の糸口を見つけることができるのである。

　プロセス管理を通じ営業担当者の企業家精神を引き出すための具体的事例としては、顧客や営業分野の新規開拓などの価値創出に重点を置いた人事評価制度の導入や、事業を再定義しながら自社の製品・技術の付加価値を追求する企業風土の醸成、組織を小集団に分け、そのリーダーに経営全般を任せることによって、小さな経営者を育成することで自らが新規ビジネスに対して挑戦する風土の醸成に向けた取り組みが挙げられる。

　課題③「マーケティングによる顧客創造」について以下の点が明らかになった。

　ここでは、知識と知識の結合による新たな価値の創出が主題である。企業は特定の重要顧客や大口案件等に対して、様々な組織や専門家が集まりチームまたはプロジェクトなどの仕組みを活用しながら営業活動を行うことで、単独では困難な問題解決や新たな価値創出を図っている。本研究を通じて、チーム営業を有効に機能させるには、まずチームを前

提とするのではなく「人」を中心に据え、仕組みを構築していくことが重要であり、そのためには強みを持ったリーダーの育成とメンバーが同じ方向を向いて協力するための土壌を創ることが重要なマネジメントであることが分かった。

　連携の実現においては、人数を集めれば良いというわけではなく、メンバーどうしが目的を共有し、それぞれが持つ強みを如何にして顧客の事業ライフサイクルにおいて効果的に結合させるかが重要となってくる。例えば、バリューチェーンの構築や中長期的な改善提案やコンサルティング等が挙げられる。そのためには、まずトップもしくはリーダーが顧客に対して具体的なメリット（コストダウンや業務効率化、生産性向上等）を提示できる戦略的スキームを描くことが重要である他、チームを成果に導くためのリーダーシップが必要となってくる。仮に売り手志向が強かったり、能力はあるものの連携に対して消極的であったり、チームの一体感だけを醸成するようなマネジメントでは組織の強みを発揮することは困難になる。したがってリーダーとなる営業担当者の育成においては、社内外の幅広いネットワークの構築を図ると共に、顧客が抱える課題に対して、競合他社が踏み込んでいない分野が何かを探り、その分野に強みを持ったメンバーを集め独自のソリューションを立ち上げることのできる人材を育てていかなければならない。

　チーム営業における強みの発揮は、リーダーだけでなくメンバーにも同様のことがいえる。チーム営業の具体的事例としては、営業担当者を特定の業界に精通したプロフェッショナルとして育成することでビジネス・マッチングを強みとする取り組みや、独自の社内資格制度を導入することで、グループ間での有能な仲介役として育成する取り組み、また市場に対応した柔軟な組織体制を構築することで、リーダーに積極的に機会を与え、メンバーが主体的に仕事に取り組み自らを高める仕組みの構築などが挙げられる。

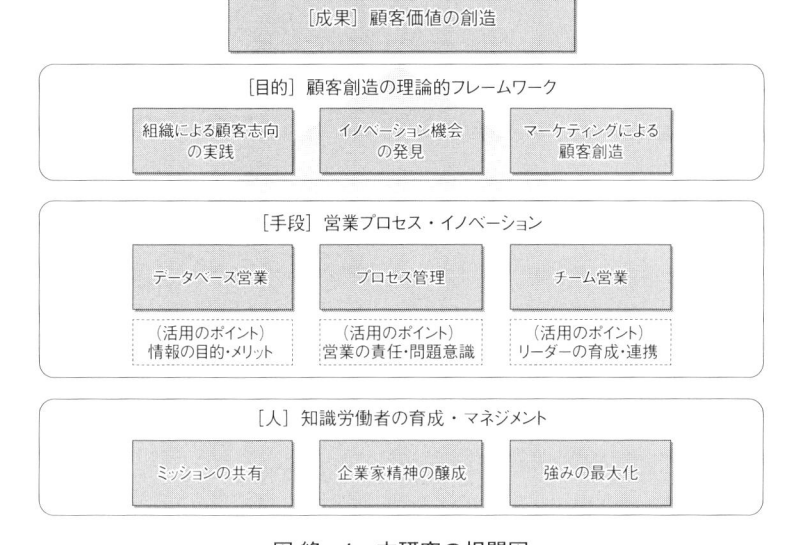

図 終 - 1　本研究の相関図

（出所）著者作成。

2.2　インプリケーション

2.2.1　理論的インプリケーション

　本研究で提示された顧客創造のフレームワークは、いくつかの理論的イン
プリケーションを含んでいる。

　第1に、「営業プロセス・イノベーション」との関係である。これまで
「営業プロセス・イノベーション」は一部の現場からの抵抗もあり、逆機能
ばかりが注目されてきた。逆機能とは、組織が営業担当者を統制・マニュア
ル化するための仕組みという誤った認識を示す。だが、本研究で「営業プロ
セス・イノベーション」を再考することで、これまで当然として見落とされ
てきたと思われる知識労働に着目し、営業の仕組みが有効に機能するには知
識労働者の育成・マネジメントの仕組みが重要な基盤となっていることが明
らかになった。当時、高嶋自身はその重要性は理解していても、その後の研
究の展開によって見落とされてきた部分を、改めて指摘したことによって、
高嶋の「営業プロセス・イノベーション」をより発展させる方向を示す研究

として貢献している。

第2に、営業とイノベーションとの関係である。「営業プロセス・イノベーション」では、営業の目的について顧客価値の創造よりも組織間の関係構築に焦点があてられてきた印象が強い。イノベーションや顧客創造において営業担当者が重要な役割を担っていることは、米国セールスマンの創造性研究によって指摘されたが、研究の歴史の浅さや事例が少ないといった課題があった。本研究の事例分析によって米国セールスマンの創造性研究が指摘したように、営業担当者が顧客のイノベーションにおいて重要な役割を果たしていることを、「マーケティングによる顧客創造」から改めて確認することができた。

第3に、営業と知識労働の関係である。これまで営業を知識労働の視点から捉えた研究はほとんど存在しない。本研究ではドラッカー理論を用いて知識労働としての営業の特性を明らかにしたことで、営業という仕事が中央集権的・計画的なものではなく、現場の営業担当者の自律的行動によって市場の変化を捉え、顧客を創造していることが明らかとなった。したがって営業で成果をあげるには、人を中心に据え、単に知識や情報を蓄積するだけでなく、それらを如何に活用し価値創造を行うかが重要な視点となる。そして企業は知識労働を支援するための仕組みづくりを行うことが重要であることを示した。

2.2.2 実践的インプリケーション

また本研究で提示された顧客創造のフレームワークは、いくつかの手段で実践場面に応用することが可能である。

第1に、営業とマネジメントとの関係である。従来「営業プロセス・イノベーション」について、企業が営業担当者を統制・マニュアル化するといった誤った認識や、営業の仕組みに対する現場の反発といった問題は、営業という仕事への企業と現場との認識のズレが要因であると考えられる。本研究によって、企業と営業担当者が共に営業における知識労働の重要性を理解することで、成果をあげるための仕組みづくりと、その基盤となり得る営業を

担当する知識労働者を育成・マネジメントするための仕組みづくりが可能となる。

　第2に、既存の制度・システムの運用改善が挙げられる。既に導入されたデータベース営業、プロセス管理、チーム営業が有効に機能しない要因として、現場の営業担当者の意向が反映されないまま制度設計されていたことが考えられる。本研究のフレームワークを基に、既存の制度・システムを見直すことによって、営業の仕組みをどのように活用すべきか、また営業活動において成果をあげるにはどのような営業の仕組みが必要かについて企業幹部と営業担当者とが共に議論することで、より実践的な営業の仕組みとして改善することが期待できる。

　第3に、営業担当者の人事評価基準の見直しである。重要顧客の新規開拓、新規ビジネスの創造、新たな営業パートナーの開拓といった評価基準を設定することで、個人の成果ではなく組織による成果への貢献に焦点をあてた人材育成が可能となると思われる。評価基準については充分な議論が必要であるが、企業の成長に対する貢献を評価対象にすることによって、営業担当者の意識は目先の売り易い製品や金額規模の大きなスポット案件ではなく、価値ある実績づくりや少額であっても展開可能なビジネスの創造に意識を向けることが可能となる。

　このように本研究を通じて、組織が如何に知識労働者の育成・マネジメントを行うかによって、営業が顧客価値の創造にどのように貢献しているのかを明らかにした。これは、営業活動のマネジメントがどうあるべきかという重要な問題提起である。将来、さらにグローバル化や顧客ニーズの多様化が進むなかで、営業によって組織がトップダウンではなく、現場が変化を捉え、戦略的に顧客のイノベーションを実現するような実践的な仕組みが構築されることを期待する。

3．本研究の限界と今後の課題

　最後に、本研究の抱える限界と今後の課題について述べたい。

　第1に、本研究の調査対象は電気設備工事、賃貸住宅、情報システムなどのインフラ財を扱う企業である。これらの業界は取引金額が大きいものの1回あたりの取引期間が短いという特徴を持っている。そのためビジネス市場を中期的な視点で捉えるならば、他の鉄鋼、ガス・電力、化学、金融、電機といった顧客との取引期間の長いとされる他の業界についても研究することが必要であるだろう。

　第2に、本研究は90年代後半を中心に展開された営業プロセス改革論について考察しているが、近年では人工知能（AI：Artificial Intelligence）など新しい技術の営業への活用が期待されている。例えば、営業担当者の活動や顧客の購買特性などを人工知能自らが学習（ディープラーニング）し最適な営業パターンや改善コメントを導き出すようになるかもしれない。よってデジタルマーケティングについては今後の研究課題としたい。

　第3に、日本と米国との仕事の違いがある。米国セールスマンの創造性研究において一部指摘されている問題ではあるが、通常米国では、Job Description（職務記述書）[5] によって事前に詳細な業務範囲、業務の進め方などが明確に定義されているが、日本ではこれに相当するものをもつ企業はほとんどない。したがって仕事の範囲が曖昧で、顧客の要求に臨機応変に動くことが求められる日本の営業と米国では営業に対する考え方や定義が異なってくることが予想される。本研究では米国のセールスマン研究と日本の営業研究をひとつの流れとして捉えているが、本来ならば、日米の営業に関する比較検討を行った上で、日本の営業の特性をより明確にしなければならないだろう。

　第4に、営業の倫理性の問題がある。日々の営業活動は常に売上や利益の獲得と社会的責任のジレンマを抱えている。歴史ある老舗や巨大企業の営業活動による反社会的行為は後を絶たない。それは、談合問題や贈収賄といった政治との癒着などからも明らかである。市場から排斥されるリスクを承知しているにもかかわらず、そのような事件が発生し続けるのはなぜなのか。営業管理様式や営業プロセス管理のいずれかに欠陥があり、組織がそれを止めることができないのだとしたら、この問題は営業研究の大きなテーマであ

るといえる。

1)　高嶋［2005］p.177。
2)　高嶋［2002］p.127。
3)　Drucker［1974］pp.564 – 571。
4)　藤田［2013］pp.249 – 250。
5)　渡辺［2015］p.44。

参考文献一覧

[外国語文献]

- Adamson, B., M. Dixon, & N. Toman, [2012], "The End of Solution Sales," *Harvard Business Review*, Vol.90, No.7-8, July-August pp.60-68.（ブレント・アダムソン、マシュー・ディクソン、ニコラス・トーマン [2012]「ソリューション営業は終わった」『ハーバード・ビジネス・レビュー』第37巻 第12号 ダイヤモンド社。）

- Adkins, R. T. [1979], "Evaluating and Comparing Salesmens Performance," *Industrial Marketing Management*, Vol.8, No.3, pp.207-212.

- Ahearne, M., A. Rapp, D. E. Hughes, & R. Jindal, [2010], "Managing Salesforce Product Perceptions and Control Systems in the Success of New Product Introductions," *Journal of Marketing Research*, Vol.47, No.4, pp.764-776.

- Albers, S. [2002], "Salesfoce Management-Compensation, Motivation, Selection, and Training," in B. Weitz & R. Wensley, eds., *Handbook of Maketing*, Sage Publications, pp.248-266.

- Alderson, W. [1957], *Marketing Behavoir and Executive Action*, Richard D. Ir win, Inc..

- Amabile, T. M. [1983a], "The Social Psychology of Creativity", *Journal of Personality and Social Psychology*, Vol.45, No.2, pp.357-76.

- Amabile, T. M. [1983b], *The Social Psychology of Creativity*, Springer-Verlag.

- Amabile, T. M. [1988], "A Model of Creativity and Innovation in Organizations", *Research in Organizational Behavior*, Vol.10, pp.23-167.

- Anderson, E. & L. O. Richard, [1987], "Perspectives on Behavior-Based Versus Outcome-Based Salesforce Control Systems," *Journal of Marketing*, Vol.51, No.4, pp.76-88.

- Anderson, E. & B. Weitz, [1989], "Determinants of Continuity in Conventional Industrial Channel Dyads," *Marketing Science*, Vol.8, No.4, pp.310-323.

- Anderson, E. & V. Onyemah, [2006], "How Right Should the Customer Be?", *Harvard Business Review*, Vol.84, No.7-8, July-August, pp.59-67.（エリン・アンダーソン、ビンセント・オニエマー、鈴木英介訳 [2008]「成果管理か、行動管理か」『ハーバード・ビジネス・レビュー 別冊』ダイヤモンド社。）

- Anderson, J. C., H. Håkansson, & J. Johanson, [1994], "Dyadic Business Relationships within a Business Network Context," *Journal of Marketing*, Vol.58, No.4, pp.1-15.
- Anderson, J. C. & J. A. Narus, [1995], "Capturing the value of supplementary services," *Harvard Business Review*, Vol.75, No.1, January-February, pp.75-83.
- Arndt, J. [1979], "Towards a Concept of Domesticated Marketing," *Journal of Marketing*, Vol.43, No.4, pp.69-75.
- Barron, F. B. [1969], *Creative Person and Creative Process*, Rinehart and Winston.
- Barron, F. B. & D. M. Harrington, [1981], "Creativity, Intelligence, and Personality," *Annual Review of Psychology*, Vol.32, pp.439-476.
- Bartels, R. [1976], *The History of Marketing Thought*, 3rd edition, Grid Pub.（ロバート・バーテルズ、山中豊国訳［1993］『マーケティング学説の発展（第3版）』ミネルヴァ書房。）
- Basadur, M., G. B. Graen, & S. G. Green, [1982], "Training in Creative Problem-Solving: Effects on Ideation and Problem Finding and Solving in an Industrial Research Organization," *Organizational Behavior and Human Performance*, Vol.30, pp.41-70.
- Basadur, M., M. Wakabayashi, & G. B. Graen, [1990], "Individual Problem-Solving Styles and Attitudes toward Divergent Thinking before and after Training," *Creativity Research Journal*, Vol.3, pp.22-32.
- Bharadwaj, S. & A. Menon, [2000], "Making Innovation Happen in Organizations," *Journal of Product Innovation Management*, Vol.17, pp.424-434.
- Borden, N. H. [1960], "The Concept of the Marketing Mix," *Journal of Advertising Research*, Vol.4, pp.2-7.
- Buell, V. P. [1966], *Marketing management in action*, McGraw-Hill.
- Butler, R. S. [1911], *Advertising, Selling and Credit*, Alexander Hamilton Institute.
- Carrol, J. B. [1985], *Domains of Cognitive Ability*, Paper presented at the meeting of the American Association for the Advancement of Science.
- Changdy, R. K. & G. J. Tellis, [2000], "The Incumbent's Curse? Incumbency, Size, and Radical Product Innovation," *Journal of Marketing*, Vol.64, pp.1-17.
- Cespedes, F. V., S. X. Doyle, & R. J. Freedman, [1989], "Teamwork for Today's Selling," *Harvard Business Review*, Vol.67, March-April, pp.44-58.
- Cohen, W. [2012], *Drucker on Marketing*, McGraw-Hill.（ウィリアム・A・コーエン、松浦由紀子訳［2013］『ピーター・ドラッカー　マーケターの罪と罰』日経BPマーケティング。）

- Copeland, T. M. [1924], *Principles of Merchandising*, A. W. shaw Company.
- Crowther, S. [1923], *John H. Patterson; Pioneer in Industrial Welfare*, Double day.
- Csikszentmihalyi, M. [1988], "Society, Culture, and Person," in R. J. Sternberg, eds., *The Nature of Creativity: Contemporary Psychological Perspectives*, Cambridge University Press, pp.325-339.
- Davenport, T. H. [2005], *Thinking for a Living*, Harvard Business School Press. （トーマス・H・ダベンポート、藤堂圭太訳 [2006]『ナレッジワーカー』ランダムハウス講談社。）
- De, B. E. [1993], *Serious Creativity*, Harper Business.
- Dirksen, C. J. [1957], *Sales and Marketing Management*, Allyn & Bacon.
- Donald, W. J. Jr., L. O. Lonnie & R. E. Kenneth, [1982], "Measures used to evaluate industrial marketing activities," *Industrial Marketing Management*, Vol.11, pp.269-274.
- Douglas, A. W. [1919], *Travelling Salesmanship*, Macmillan.
- Drucker, P. F. [1952], *"Management and the Professional Employee," Harvard Business Review*, Vol.30, May-June pp.84-90.（ピーター・F・ドラッカー [2006]「プロフェッショナルを活かす」『ハーバード・ビジネス・レビュー』第 35 巻第 6 号　ダイヤモンド社。）
- Drucker, P. F. [1954], *The Practice of Management*, Harper & Row.（ピーター・F・ドラッカー、上田惇生訳 [2006]『現代の経営（上）（下）』ダイヤモンド社。）
- Drucker, P. F. [1964], *Managing for Results*, Harper & Row.（ピーター・F・ドラッカー、上田惇生訳 [2007]『創造する経営者』ダイヤモンド社。）
- Drucker, P. F. [1967], *The Effective Executive*, Harper Collins.（ピーター・F・ドラッカー、上田惇生訳 [2006]『経営者の条件』ダイヤモンド社。）
- Drucker, P. F. [1969], *The Age of Discontinuity*, Harper & Row.（ピーター・F・ドラッカー、林雄二郎訳 [1969]『断絶の時代』ダイヤモンド社。）
- Drucker, P. F. [1974], *Management: Task, Responsibilities, Practice*, Harper & Row.（ピーター・F・ドラッカー、上田惇生編訳 [2008]『マネジメント　課題・責任・実践（上）』ダイヤモンド社。ピーター・F・ドラッカー、有賀裕子訳 [2008]『マネジメント　努め・責任・実践 II』ダイヤモンド社。）
- Drucker, P. F. [1985], *Innovation and Entrepreneurship*, Harper & Row.（ピーター・F・ドラッカー、上田惇生訳 [2007]『イノベーションと企業家精神』ダイヤモンド社。）
- Drucker, P. F. [1990], *Managing the Nonprofit Organization*, Routledge.（ピーター・F・ドラッカー、上田惇生訳 [2007]『非営利組織の経営』ダイヤモン

ド社。)

- Drucker, P. F. [1992], *Managing for the Future*, Harper & Row. (ピーター・F・ドラッカー、上田惇生、佐々木実智男、田代正美訳 [1992]『未来企業』ダイヤモンド社。)
- Drucker, P. F. [1993], *Post-Capitalist Society*, Harper & Row. (ピーター・F・ドラッカー、上田惇生、佐々木実智男、田代正美訳 [1993]『ポスト資本主義社会』ダイヤモンド社。)
- Drucker, P. F. [1999], *Management Challenges for the 21st Century*, Harper & Row. (ピーター・F・ドラッカー、上田惇生編訳 [1999]『明日を支配するもの』ダイヤモンド社。)
- Drucker, P. F. [2002], *Managing in the Next Society*, Arrangement directly with the author. (ピーター・F・ドラッカー、上田惇生編訳 [2002]『ネクスト・ソサエティ』ダイヤモンド社。)
- Drucker, P. F. [2005], *The Essential Drucker on Technology*, Harper & Row. (ピーター・F・ドラッカー、上田惇生編訳 [2005]『テクノロジストの条件』ダイヤモンド社。)
- Dubinsky, A. J., R. D. Howell, T. N. Ingram, & D. N. Bellenger, [1986], "Salesforce Socialization," *Journal of Marketing*, Vol.50, October, pp.192-207.
- Eliashberg, J., G. Lilien, & N. Kim, [1995], "Searching for Generalizations in Business Marketing Negotiations," *Marketing Science*, Vol.14, No.3, pp.647-660.
- Ford, C. M. [1996], "A Theory of Individual Creative Action in Multiple Social Domains," *Academy of Management Review*, Vol.21, pp.1112-1142.
- Ford, C. M., M. P. Sharfman, & J. W. Dean, [2008], "Factors Associated with Creative Strategic Decisions," *Creativity and Innovation Management*, Vol.17, No.3, pp.171-185.
- Frank, R. C. [1937], "Scientific Marketing Makes Progress," *Journal of Marketing*, Vol.1, No.3, pp.226-230.
- Frederic, A. R. [1922], *The Management of the Sales Organization 1sted*, McGraw-Hill.
- Frederick, J. G. [1919], *Modern Sales Management*, D. Appleton-Century Co., Inc.
- Friedman, L. G. & T. R. Furey, [1999], *The Channel Advantage: Going to Marketing with Multiple Sales Channels*, Butterworth-Heinemann.
- Galton, F. [1869/1892/1962], *Hereditary Genius: An Inquiry into its Laws and Consequences*, Macmillan Fontana.
- George, J. & B. Weitz, [1989], "Salesforce Compensation: An Empirical

Investigation of Factors Related to Use of Salary Versus Incentive Compensation," *Journal of Marketing Research*, Vol.26, No.1, pp.1-14.

- George, J. M. [2007], "Creativity in Organizations," *Academy of Management Annals*, Vol.1, pp.439-477.

- Guenzi, P. & G. Troilo, [2007], "The joint contribution of marketing and sales to the creation of superior customer value," *Journal of Business Research*, Vol.60, pp.98-107.

- Guilford, J. P. [1977], *Way beyond the IQ: Guide to Improving Intelligence and Creativity*, Creative Education Foundation.

- Guilford, J. P. [1984], "Varieties of Divergent Production," *Journal of Creative Behavior*, Vol.18, pp.1-10.

- Hammond, K. R., T. R. Stewart,, B. Brehmer, & D. O. Steinmann, [1986], "Social Judgment Theory," in H. R. Arkes, & K. R. Hammond, eds., *Judgment and Decision Making: An Interdisciplinary Reader*, Cambridge University Press.

- Hansen, H. L. [1949], *Readings in Marketing*, McGraw-Hill.

- Hayek, F. A. [1948], *Individualism and Economic Order*, University of Chicago Press.（フリードリッヒ・A・ハイエク、田中真晴、田中秀夫編訳 [1986]『市場・知識・自由－自由主義の経済思想』ミネルヴァ書房。）

- Heide, B. J. & G. John, [1990], "Alliances in Industrial Purchasing," *Journal of marketing Research*, Vol.27, No.1, pp.24-36.

- Hess, H. W. [1923], *Creative Salesmanship*, Lippincott.

- Howard, J. R. [1957], *Marketing Management: Analysis and Decision*, Richard D. Irwin, Inc.（ジョン・R・ハワード、田島義博訳 [1960]『経営者のためのマーケティング・マネジメント』建帛社。）

- Hoyt, C. W. [1913], *Scientific Sales Management*, Woolson.

- Im, S. & J. P. Workman Jr. [2004], "Market Orientation, Creativity, and New Product Performance in High-Technology Firms," *Journal of Marketing*, Vol.68, pp.114-132.

- Jackson, D. W. Jr., L. O. Lonnie, & R. E. Kenneth, [1982], "Measures Used to Evaluate Industrial Marketing," *Industrial Marketing Management*, Vol.11, No.4, pp.269-274.

- Judson, K., D. D. Schoenbachler,, G. L. Gordon,, R. E. Ridnour, & D. C. Weil baker, [2006], "The New Product Development Process," *The Journal of Pro duct and Brand Management*, Vol.15, No.2-3, pp.194-202.

- Johnson, L. K. [1957], *Sales and marketing management*, Allyn & Bacon.

186

- Kafetsios, K. & L. A. Zampetakis, [2008], "Emotional Intelligence and Job Sa tisfaction," *Personality and Individual Differences*, Vol.44, No.3, pp.712-722.
- Kanfer, R. & P. L. Ackerman, [1989], "Motivation and Cognitive Abilities: An Integrative Aptitude-Treatment Interaction Approach to Skill Acquisition," *Journal of Applied Psychology Monograph*, Vol.74, pp.657-690.
- Keith, R. J. [1960], "The Marketing Revolution," *Journal of Marketing Research*, Vol.24, No.3, pp.35-38.
- King, R. L. [1965], "The Marketing Concept," in Schartz, eds., *Science in Marketing*, John Wiley & Sons, pp.70-97.
- Klein, K. J. & J. S. Sorra, [1996], "The Challenge of Innovation Implementation," *Academy of Management Review*, Vol.21, No.4, pp.1055-1080.
- Koestler, A. [1967], *The Ghost in the Machine*, Hutchinson.（アーサー・ケスト ラー、日高敏隆、長野敬訳［1995］『機械の中の幽霊』ちくま学芸文庫。）
- Kohli, A. K. & B. J. Jaworski, [1990], "Market Orientation: The Construct, Research Propositions and Managerial Implications," *Journal of Marketing*, Vol.54, No.2, pp.1-18.
- Kotler, P. & N. Lee, [2005], *Corporate Social Responsibility*, Wiley.（フィリップ・ コトラー、ナンシー・リー、恩蔵直人監訳［2007］『社会的責任のマーケティ ング』東洋経済新報社。）
- Kotler, P., N. Rackham, & S. Krishnaswamy, [2006],"Ending the war between Sales & Marketing," *Harvard Business Review*, Vol.84, No.7-8, July-August, pp.68-78.（フィリップ・コトラー、ニール・ラッカム、スジ・クリシュナス ワミ［2006］「営業とマーケティングの壁を壊す」『ハーバード・ビジネス・レ ビュー』第31巻 第10号 ダイヤモンド社。）
- Kotler, P. & K. Keller, [2012], *Marketing Management*, 14th edition, Pearson Education.
- Kotler, P. & K. Keller, [2006], *Marketing Management*, 12th edition, Pearson Education.（フィリップ・コトラー、ケビン・レーン・ケラー、恩蔵直人監 修、月谷真紀訳［2014］『コトラー＆ケラーのマーケティング・マネジメント （第12版）』ピアソン・エデュケーション。）
- Kurtzberg, T. R. & T. M. Amabile, [2001], "From Guilford to Creative Synergy: Opening the Black Box of Team-Level Creativity," *Creativity Research Jour nal*, Vol.13, No.3-4, pp.285-294.
- Lassk, F. G. & C. D. Shepherd, [2013], "Exploring the Relationship Between Emotional Intelligence and Salesperson Creativity," *Journal of Personal Selling &*

Sales Management, Vol.33, No.1, pp.25-37.

- Levitt, T. [1960], "Marketing Myopia," *Harvard Business Review*, Vol.38, No.4, July-Aug, pp.45-56.

- Levitt, T. [1963], "Creativity is not Enough," *Harvard Business Review*, Vol.41, pp.72-83.（セオドア・レビット［2007］「アイデアマンの大罪」『T. レビット マーケティング論』ダイヤモンド社。）

- Levitt, T. [1965], *Industrial Purchasing Behavior*, Harvard College.

- Maxwell, W. [1913], *Salesmanship*, Houghton Mifflin Company.

- Mayer, J. D. & P. Salovey, [1997], "What is Emotional Intelligence?," In P. Salovey, & D. J. Sluyter, eds., *Emotional Development and Emotional Intelligence*, Basic Books, pp.29-59.

- Mayer, J. D., P. Salovey, & D. R. Caruso, [2008], "Emotional Intelligence," *American Psychologist*, Vol.63, No.6, pp.503-517.

- Mayer, J. D., R. D. Roberts, & S. G. Barsade, [2008], "Human Abilities: Emotional Intelligence," *Annual Review of Psychology*, Vol.59, pp.507-516.

- Mckenna, R. [1991], *Relationship Maketing*, Addison-Wesley.（レジス・マッケンナ、三菱商事株式会社情報産業グループ訳［1992］『顧客の時代の成功戦略』ダイヤモンド社。）

- Menguc, B., S. Auh, & A. Uslu, [2013], "Customer Knowledge Creation Capability and Performance in Sales teams," *Journal of the Academy of Marketing Science*, Vol.41, No.1, pp.19-39.

- Moenaert, R. K. & W. E. Souder, [1990], "An Analysis of the Use of Extrafunctional Information by R&D and Marketing Personnel," *Journal of Product Innovation Management*, Vol.7, No.3, pp.213-229.

- Moncrief, W. C. & G. W. Marshall, [2005], "The Evolution of the Seven Steps of Selling," *Industrial Marketing Management*, Vol.34, pp.13-22.

- Morgan, R. M. & S. D. Hunt, [1994], "The Commitment-Trust Theory of Relationship Marketing," *Journal of Marketing*, Vol.58, No.3, pp.20-38.

- Mumford, M. D. & S. B. Gustafson, [1988], "Creativity Syndrome: Integration, Application and Innovation," *Psychological Bulletin*, Vol.103, pp.27-43.

- Narver, J. C. & S. F. Slater, [1990], "The Effect of a Market Orientation on Business Profitability," *Journal of Marketing*, Vol.54, No.4, pp.20-35.

- Nickels, W. G. [1978], *Marketing Principle*, Prentic-Hall.

- Nickerson, R. S. [1999], "Enhancing Creativity," in Sternberg, R. J, eds., *Handbook of Creativity*, Cambridge Univ. Press, pp.392-430.

- Oldham, G. & A. Cummings, [1996], "Employee Creativity: Personal and Con textual Factors at Work," *Academy of Management Journal*, Vol.39, pp.607-634.
- Payne, A. [1995], *Advance in Relationship Marketing*, Kogan Page.
- Petersen, G. [1997], *High-Impact Sales Force Automation: A Strategic Perspective*, CRC Press. (グレン・S・ピーターセン、永田守男監訳 [1998] 『SFA 顧客指向の営業革新』東洋経済新報社。)
- Pfeffer, J. & R. I. Sutton, [2000], *The Knowing-Doing Gap: How Smart Companies Turn Konwledge into Action*, Harvard Business School Press. (ジェフリー・フェファー、ロバート・I・サットン、長谷川喜一郎監訳、菅田絢子訳 [2014] 『なぜ、わかっていても実行できないのか』日本経済新聞社。)
- Pullins, E. B., D. Strutton, & I. Pentina, [2012], "The Role of Creativity in Sales: Current Research and Future Directions," *Journal of Ethics and Entre preneurship*, Vol.2, No.1, pp.73-86.
- Ramkumar, D. & S. Saravanan, [2007], "The Dark Side of Relationship Mark eting" *International Marketing Conference on Marketing & Society*, April, pp.453-457.
- Reilly, W. J. [1929], *Marketing Investigations*, Ronald.
- Robertson, T. S. [1967], "The Process of Innovation and the Diffusion of Inn ovation," *Journal of Marketing*, Vol.31, pp.14-19.
- Russell, F. A. [1922], *The Management of the Sales Organization*, McGraw-Hill.
- Sawyer, J. E. [1991], "Hypothesis Sampling, Construction, or Adjustment," *Organizational Behavior and Human Decision Processes*, Vol.49, pp.124-150.
- Scott, S. G. & R. A. Bruce, [1994], "Determinants of Innovative Behavior," *Academy of Management Journal*, Vol.37, No.3, pp.580-607.
- Shalley, C. E., J. Zhou, & G. R. Oldham, [2004], "The Effects of Personal and Contextual Characteristics on Creativity," *Journal of Management*, Vol.30, No.6, pp.933-958.
- Shapiro, B. P. [1977], "Can Marketing and Manufacturing Coexist?," *Harvard Business Review*, Vol.55, No.4, September-October pp.104-114. (ベンソン・P・シャピロ、ハーバード・ビジネス・レビュー編集部訳 [2005]「営業と製造のジレンマ」『ハーバード・ビジネス・レビュー』第30巻 第1号 ダイヤモンド社。)
- Simonton, D. K. [1975], "Age and Literary Creativity: A Cross-Cultural and Transhistorical Survey," *Journal of Cross-Cultural Psychology*, Vol.6, pp.259-277.
- Simonton, D. K. [1986], "Biographical Typicality, Eminence and Achievement

Styles," *Journal of Creative Behavior*, Vol.20, pp.14-22.

- Singh, B. [1986], "Role of Personality versus Biographical Factors in Creativity," *Psychological Studies*, Vol.31, pp.90-92.

- Sosik, J. J. & L. E. Megerian, [1999], "Understanding Leader Emotional Intelligence and Performance," *Group and Organization Management*, Vol.24, No.3, pp.367-390.

- Stanton, W. J. [1966], *Fundamentals of Marketing*, McGraw-Hill.

- Stein, B. S. [1989], "Memory and Creativity," in J. A. Glover,, R. R. Ronning, & C. R. Reynolds, eds., *Handbook of Creativity*, Plenum Press, pp.163-176.

- Stern, L. W. [1969], *Distribution Channels: Behavioral Dimensions*, Houghton Mifflin Company.

- Strutton, D. [2009], "Horseshoes, Global Supply Chains and an Emerging Chinese Threat: Creating Remedies One Idea at a Time," *Business Horizons*, Vol.52, No.1, pp.31-43.

- Sutton, R. I. & A. Hargadon, [1996], "Brainstorming Groups in Context: Effectiveness in a Product," *Administrative Science Quarterly*, Vol.41, pp.685-718.

- Teas, R. K., J. G. Wacker, & R. E. Hughes, [1979], "A Path Analysis of Causes and Consequences of Salespeoples Perceptions of Role Clarity," *Journal of Marketing Research*, Vol.16, No.3, pp.355-369.

- Tosdal, H. R. [1927], *Marketing Planning*, A. W. Shaw Company.

- Tosdal, H. R. [1940], *Introduction to Sales Management*, 2nd edition, A. W. Shaw Company.

- Walker, A. W. [1913], "Scientific Management Applied to Commercial Enterprises," *Journal of Political Economy*, Vol.21, pp.397-399.

- Wang, G. & C. F. Miao, [2015], "Effects of Salesforce Market Orientation on Creativity, Innovation Implementation, and Sales Performance," *Journal of Business Research*, Vol.68, pp.2374-2382.

- Wang, G. & R. G. Netemeyer, [2004], "Salesperson Creative Performance: Conceptualization, Measurement, and Nomological Validity," *Journal of Business Research*, Vol.57, pp.805-812.

- Webster, F. E. Jr. [1991], *Industrial Marketing Strategy*, 3rd edition, Wiley.

- Weiss, E. B. [1962], *Vanishing Salesman*, McGraw-Hill.（ベンジャミン・E・ウェイス、新井喜美夫訳 [1964] 『ほろびゆくセールスマン』東洋経済新報社。）

- Weitz, B. A. & K. D. Bradford, [1999], "Personal Selling and Sales Management," *Journal of the Academy of Marketing Science*, Vol.27, No.2, pp.241-254.

190

- White, P. [1927], *Scientific Marketing Management*, Harper.
- Woodman, R. W. & L. F. Schoenfeldt, [1989], "Individual Differences in Creativity: An Interactionist Perspective," in Glover, J. A., Ronning, R. R. & Reynolds, C. R. eds., *Handbook of Creativity*, Plenum Press.
- Woodman, R. W., J. E. Sawyer, & R. W. Griffin, [1993], "Toward a Theory of Organizational Creativity," *Academy of Management Review*, Vol.18, No.2, pp. 293-321.
- Workman, J. P., C. Homburg, & O. Jensen, [2003], "Intraorganizational Determinants of Key Account Management Effectiveness," *Journal of the Academy of Marketing Science*, Vol.31, No.1, pp.3-21.
- Yin, R. K. [1994], *Case Study Research: Design and Methods*, Sage Publications.

［邦語文献］

- 青木利晴 [2004]『効率化から価値創造へ』NTT 出版株式会社。
- 渥美俊一 [1987]『チェーンストア能力開発の原則』実務教育出版。
- 粟島浩二 [2004]『流通企業における営業革新』立命館大学博士論文。
- 粟島浩二 [2010]「営業とイノベーション」『ドラッカー思想と現代経営』晃洋書房。
- 池田紀之・山崎晴生 [2014]『次世代共創マーケティング』SB クリエイティブ。
- 石井淳蔵・嶋口充輝編著 [1995]『営業の本質』有斐閣。
- 石井淳蔵 [2004]『営業が変わる』岩波書店。
- 石井淳蔵 [2009]『ビジネス・インサイト』岩波書店。
- 石井淳蔵 [2012]『営業をマネジメントする』岩波書店。
- 稲盛和夫 [2001]『京セラフィロソフィを語る』京セラ株式会社。
- 稲盛和夫 [2006]『アメーバ経営』日本経済新報社。
- 今田高俊 [1986]『自己組織性』創文社。
- 上田惇生 [2006]『マネジメントとは何か』ドラッカー学会。
- 江尻弘・芦田弘・中村稔 [1998]『セールスレップの仕組み』中央経済社。
- 遠藤功 [2008]「考える営業の思考法」『ハーバード・ビジネス・レビュー別冊』ダイヤモンド社　pp.20-23。
- 遠藤功・山本孝昭 [2013]『行動格差の時代』幻冬舎。
- 太田肇 [1994]『日本企業と個人』白桃書房。
- 大津正和 [1995]「ハイテク営業の可能性」石井淳蔵・嶋口充輝編『営業の本質』有斐閣　pp.85-93。
- 大前研一・斎藤顕一・須藤実和・川上真史・後正武 [2011]『大前研一と考え

る営業学』ダイヤモンド社。

- 小川進［1995］「コンビニエンス・ストア向けの営業は不要か」『営業の本質』有斐閣　pp.38-56。
- 小川裕克・永井義明［2014］「データセンター及びデータセンターを活用したビジネスの将来動向に関する調査・研究」『産業経済研究所紀要』第 24 号　中部大学産業経済研究所　pp.83-121。
- 恩蔵直人［1995］「営業体制のダイヤモンド」石井淳蔵・嶋口充輝編『営業の本質』有斐閣　pp.122-154。
- 恩田彰［1971］『創造性の研究』恒星社厚生閣。
- 上總康行［2010］「アメーバ経営の仕組みと全体最適化の研究」アメーバ経営学術研究会編『アメーバ経営学』KCCS マネジメントコンサルティング　pp.58-88。
- 金井壽宏・楠見孝［2012］『実践知』有斐閣。
- 菊澤研宗［2011］『なぜ「改革」は合理的に失敗するのか』朝日新聞出版。
- 菊澤研宗［2015］『ビジネススクールでは教えてくれないドラッカー』祥伝社新書。
- 金田一京助、山田忠雄・柴田武・酒井憲二・倉持保男・山田明雄編［2000］『新明解国語辞典（第 5 版）』三省堂。
- 国友隆一［1997］『京セラ・アメーバ方式』ぱる出版。
- 久保亮一［2005］「企業の戦略におけるアントレプレナーシップ要素」『京都マネジメント・レビュー』第 8 号　京都産業大学マネジメント研究会　pp.71-84。
- 久保田進彦［2003］「リレーションシップ・マーケティング研究の再検討」『流通研究』第 6 巻　第 2 号　日本商業学会　pp.15-33。
- ハーバード・グリーンバーグ、吉田達生訳、泉田雅典監修［1999］『勝者の法則』ゾディアック。
- クリスチャン・グルンルース、蒲生智哉訳［2015］『サービス・ロジックによる現代マーケティング』白桃書房。
- 小林哲・南知恵子［2004］『流通・営業戦略』有斐閣。
- 斎藤昌義［2014］『システムインテグレーション崩壊』技術評論社。
- 坂部和夫［1975］『現代販売管理論』中央経済社。
- 佐藤邦廣［1988］『マーケティングの基礎論理』同文館出版。
- 佐藤剛［2006］『組織自律力』慶應義塾大学出版会。
- 佐藤等編著、上田惇生監修［2012］『実践するドラッカー　事業編』ダイヤモンド社。
- 佐藤等編著、上田惇生監修［2013］『実践するドラッカー　利益とは何か』ダ

イヤモンド社。

- 猿渡敏公［1999］『マーケティング論の基礎』中央経済社。
- 財前宏［2002］「グローバル企業の情報戦略」『第13期　情報化推進懇談会』財団法人社会経済生産性本部。
- ジョセフ・A・シュンペーター、塩野谷祐一・中山伊知郎・東畑精一訳［1977］『経済発展の理論（上)』岩波書店。
- 嶋口充輝［1994］『顧客満足型マーケティングの構図』有斐閣。
- 嶋口充輝［1997］『柔らかいマーケティングの論理』ダイヤモンド社。
- 嶋口充輝・竹内弘高・片平秀貴・石井淳蔵［1998］『マーケティング革新の時代④　営業・流通革新』有斐閣。
- 関根孝［1996］「リレーションシップ・マーケティングと小売市場の垂直的構造」『専修商学論集』第62号　専修大学　pp.43-60。
- 高橋俊介［2012］『プロフェッショナルの働き方』PHP研究所。
- 高嶋克義［1988］「産業財マーケティング論の現状と課題」『経済論業』第142巻　第1号　京都大学。
- 高嶋克義［1994］『マーケティング・チャネル組織論』千倉書房。
- 高嶋克義［1998］『生産財の取引戦略』千倉書房。
- 高嶋克義［1999］「日本企業における営業プロセス管理」『国民経済雑誌』第179巻　第5号　神戸大学経済経営学会　pp.61-76。
- 高嶋克義［2001］「営業活動の情報支援に関する考察」『国民経済雑誌』第183巻　第5号　神戸大学経済経営学会　pp.63-78。
- 高嶋克義［2002］『営業プロセス・イノベーション』有斐閣。
- 高嶋克義［2005］『営業改革のビジョン』光文社。
- 高嶋克義［2006］「関係性マーケティング論の再検討」『国民経済雑誌』第193巻　第5号　神戸大学経済経営学会　pp.27-41。
- 高嶋克義・南知恵子［2006］『生産財マーケティング』有斐閣。
- 松尾睦・早川勝夫・高嶋克義［2011］「改善志向の営業プロセス管理」『マーケティングジャーナル』第30巻　第3号　pp.67-81。
- 高嶋克義・赤堀たか子［2012］「営業プロセス管理とは"考える"営業を育てること」『人材教育』第24巻　第3号　pp.26-29。
- 高嶋克義・田村直樹［2016］『45のエピソードからみる営業の課題解決』同文館出版。
- 竹村正明［1995a］「組織型営業の革新―タカラベルモントの事例―」石井淳蔵・嶋口光輝編『営業の本質』有斐閣　pp.94-121。
- 竹村正明［1995b］「ナレッジ・マネジメント的営業マネジメント論の批判的検

討」『彦根論叢』第 343 巻　滋賀大学経済経営研究所　　pp.29-49。

- 田村正紀［1986］『日本型流通システム』千倉書房。
- 田村正紀［1996］『営業力とは何か』官業労働研究所。
- 田村正紀［1999］『機動営業力』日本経済新聞社。
- パチェンティ・G・チェザレ、高達秋良訳［2000］『B2B マーケティング』ダイヤモンド社。
- 寺田知太・杉山誠・西山恵太［2013］「顧客価値創造イノベーションを基軸に人・組織を変革する方法論」『知的資産創造』2013 年 1 月号　野村総合研究所。
- ドリス・ドラッカー、上田惇生訳［2009］「ドラッカーの先見性」『文明とマネジメント』ドラッカー学会。
- ピーター・F・ドラッカー、上田惇生編訳［2004］『実践する経営者』ダイヤモンド社。
- ピーター・F・ドラッカー、上田惇生編訳［2009］『経営者に贈る 5 つの質問』ダイヤモンド社。
- 中村貞介［2010］「事業の定義に関する一考察」宮内拓智・小沢道紀編『ドラッカー思想と現代経営』晃洋書房。
- 永田守男［1998］『SFA 顧客指向の営業改革』東洋経済新報社。
- 長尾一洋・村上勝彦・本道純一［2002］『営業支援・顧客維持システム』中央経済社。
- 野中郁次郎・近野登［2012］『知識創造経営のプリンシプル』東洋経済新報社。
- 橋本勲［1975］『マーケティング論の成立』ミネルヴァ書房。
- 橋本勲［1983］『販売管理論』同文館出版。
- 開本浩矢・和多田理恵［2012］『クリエイティビティ・マネジメント』白桃書房。
- 林伸二［1987］『管理者行動論』白桃書房。
- 原尚史［2010］『BtoB メーカーにおける製販連携システムに関する一考察』神戸大学修士論文。
- デビッド・フォード・IMP グループ、小宮路雅博訳［2001］『リレーションシップ・マネジメント』白桃書房。
- 藤田勝利［2013］『ドラッカー・スクールで学んだ本当のマネジメント』日本実業出版社。
- 藤芳誠一監修［1994］『最新 経営学用語辞典』学文社。
- ダニエル・ベル、山崎正和訳［1995］『知識社会の衝撃』TBS ブリタニカ。
- 星野達也［2015］『オープン・イノベーションの教科書』ダイヤモンド社。
- 細井謙一［1995］「営業の認知理論」石井淳蔵、嶋口光輝編『営業の本質』有斐閣　　pp.218-258。

194

- 細井謙一［2015］『バリューネットワークにおける営業研究の役割』広島経済大学。
- 本田令吉［1997］『セールスマンシップ』千倉書房。
- マイケル・D・ハット、トーマス・W・スペイ、笠原英一訳［2004］『産業財マーケティング・マネジメント』白桃書房。
- 前川春樹［1999］『実践 SFA』日科技連出版社。
- 松尾睦［2006a］『経験からの学習』同文館出版。
- 松尾睦［2006b］「経験からの学習 営業における熟達化」『一橋ビジネスレビュー』第 54 巻 第 1 号 東洋経済新報社。
- 松尾睦［2002］『内部競争のマネジメント』白桃書房。
- 松丘啓司・鈴木智之［2005］『組織営業力』ファーストプレス。
- 三浦一郎編著［2004］『流通と顧客創造』高菅出版。
- 三浦一郎［2011］「ドラッカーにおけるマーケティングとイノベーション」ドラッカー学会編集委員会編『文明とマネジメント』ドラッカー学会 pp.36-51。
- 三浦一郎・井坂康志編著、ドラッカー学会監修［2014］『ドラッカー―人・思想・実践―』文眞堂。
- 三浦信、現代マーケティング研究会編［1967］「セールスマンによるコミュニケーション」『マーケティング・コミュニケーション 概論 12 章』誠文堂新光社。
- 三木佳光［1999］『建設営業 変革のマネジメント』清文社。
- 光澤滋朗［1980］『マーケティング管理の生成と発展』啓文社。
- 三鍋伊佐雄［2013a］『まじめに、賃貸経営』PHP 研究所。
- 三鍋伊佐雄［2013b］『弱者が勝つ戦略』PHP 研究所。
- 南知恵子［2005］『リレーションシップ・マーケティング』千倉書房。
- 南知恵子［2006］「生産財取引における関係構築戦略」『国民経済雑誌』第 194 巻 2 号 神戸大学経済経営学会 pp.65-76。
- 南知恵子［2014］『サービス・イノベーション』有斐閣。
- 村田佳生［2013］「顧客価値創造に向けたイノベーション・マネジメント」『知的資産創造』2013 年 1 月号 野村総合研究所。
- 望月護［2010］『ドラッカー日本への言葉』祥伝社。
- 矢口克也［2013］「兼業農家等の動向と課題」『レファレンス』平成 25 年 3 月号 国立国会図書館 pp.29-53。
- 山内孝幸［2011］「営業研究に関する一考察」『阪南論集 社会科学編』第 47 巻 第 1 号 阪南大学学会 pp.29-52。
- 山口晃久［2007］「イノベーションにおける知識労働者に対するリーダーシッ

プとそのマネジメント」『オイコノミカ』第 43 巻　第 3・4 号　名古屋市立大学
経済学会　pp.139-151。

- 余田拓郎［2000］『カスタマー・リレーションの戦略論理』白桃書房。
- 米倉誠一郎［2006］『創造するアントレプレナー』ゴマブック。
- 渡辺直登［2015］「コンピテンシーと職務遂行能力」『日本労働研究雑誌』4 月
  号（No.657）　独立行政法人労働政策研究・研修機構　pp.44-45.
- 和田充夫［1998］『関係性マーケティングの構図』有斐閣。

[Web サイト]
- ITpro Active『初挑戦の BPO サービス提案　事業化目指し社内調整に奔走』
  （最終アクセス日：2015/2/17）http://itpro.nikkeibp.co.jp/article/Active/20120207
  /380279/
- 芦田弘「仕組みが上滑りする訳（2006 年 11 月）」日本総研ホームページ（最
  終アクセス日：2018/06/10）https://www.jri.co.jp/page.jsp?id=8038
- 一般社団法人情報サービス産業協会（JISA）（最終アクセス日：2016/
  05/11）http://www.jisa.or.jp/
- 稲盛和夫オフィシャルサイト（最終アクセス日：2016/06/03）http://www.
  kyocera.co.jp/inamori/
- 株式会社サンテック（最終アクセス日：2017/12/02）http://www.suntec-sec.jp/
- 菊澤研宗　慶應義塾大学ホームページ（最終アクセス日：2015/11/04）
  https://www.keiomcc.com/magazine/sekigaku139/
- 京セラ株式会社（最終アクセス日：2018/08/15）http://www.kyocera.co.jp/
- 京セラコミュニケーションシステム株式会社（最終アクセス日：2017/12/02）
  https://www.kccs.co.jp/
- 京セラコミュニケーションシステム株式会社「開発者に聞く、『The Amoeba
  （ザ・アメーバ）』の真価」（最終アクセス日：2018/08/17）https://www.kccs.
  co.jp/consulting/column/2015/008/
- 京セラコミュニケーションシステム株式会社　導入事例（最終アクセス日：
  2017/12/02）http://www.kccs.co.jp/case/0903/index.html
- 株式会社 HPPT「知識労働者生産性向上」（最終アクセス日：2016/01/04）
  http://hppt.sakura.ne.jp/wp/wp-content/uploads/2013/04/nobasu_ver24_13-04-
  23HPPT-site.pdf
- CIO Online Special『ボストン・サイエンティフィック ジャパンのアウトソー
  シング戦略を支える KCCS』（最終アクセス日：2014/10/03）http://www.ciojp.
  com/contents/?id=00005880;t=0;sv

196

- 大東建託株式会社（最終アクセス日：2017/12/02）http://www.kentaku.co.jp/
- 大東建託みらい信託株式会社（最終アクセス日：2016/02/10）http://www.daitomirai.com/
- 谷藤友彦「知識社会：情報と知識の違い」（最終アクセス日：2015/05/01）http://management-frontier.livedoor.biz/archives/23063365.html
- SCSK 株式会社「Microsoft Dynamics 365 導入事例」（最終アクセス日：2018/08/10）https://www.scsk.jp/sp/dcrm/casestudy/01.html

[参考資料]
- 一般財団法人住宅改良開発公社［2014］『賃貸住宅市場の現状と中長期見通しに関する調査研究』。
- 京セラ［2010］『CSR 報告書 2009』。
- 経済産業省［2013］『経済センサス－特定サービス産業実態調査』。
- 厚生労働省［2014］『平成 26 年 人口動態統計の年間推移』。
- 国土交通省［2014］『国土交通省 建築着工統計調査（年計）』。
- 国土交通省［2016］『建設業許可業者数調査の結果について』。
- サンテック［2015］『サンテック有価証券報告書』。
- 総務省統計局［2014］『日本の統計 2014 年度版』。
- 総務省統計局［2013］『平成 25 年住宅・土地統計調査』。
- 農林水産省［2011］『耕作放棄地の現状』3 月号。
- 大東建託［2013a］『FACT BOOK 2013』大東建託㈱経営企画室。
- 大東建託［2013b］『賃貸経営 安心読本』大東建託㈱。
- 大東建託［2014］『大東建託有価証券報告書』。
- 大東建託［2015］『大東建託有価証券報告書』。

[雑誌]
- 大山繁樹［2009］「商談の軌跡 初挑戦の BPO サービス提案 事業化目指し社内調整に奔走」『日経ソリューションビジネス』12 月号　日経 BP 社。
- 白井良［2013］「データセンターのインフラ　老朽化よりも陳腐化が課題」『日経コミュニケーション』3 月号　日経 BP 社。

著者紹介

中村真介（なかむら　しんすけ）

1974 年生まれ　広島県出身
立命館大学大学院 経営学研究科 博士課程後期課程修了　博士（経営学）
三菱電機株式会社　営業本部　中国支社　事業推進部　企画担当課長
日本流通学会、ドラッカー学会所属

（研究実績）
「営業の戦略と組織間ネットワーク―我が国の建設業における営業革新―」
　『立命館経営学』第 48 巻 第 2、3 号 立命館大学経営学会 2009 年。
「事業の定義に関する一考察―大東建託株式会社による顧客創造―」
　宮内拓智・小沢道紀編『ドラッカー思想と現代経営』晃洋書房 2010 年。
「我が国の組織営業に関する一考察―情報サービス企業 P 社を事例に―」
　『立命館経営学』第 49 巻 第 4 号 立命館大学経営学会 2010 年。
「営業活動における知識労働の生産性に関する一考察―米国のセールスマンの
　創造性研究を中心に―」ドラッカー学会編集委員会編『文明とマネジメン
　ト』Vol.13 ドラッカー学会 2016 年。

営業の顧客創造　―営業改革論再考―

2019 年 3 月 15 日　第 1 刷発行

著　者　　中村真介

発行者　　黒川美富子

発行所　　図書出版　文理閣
　　　　　京都市下京区七条河原町西南角　〒600-8146
　　　　　TEL（075）351-7553　　FAX（075）351-7560
　　　　　http://www.bunrikaku.com

印刷所　　亜細亜印刷株式会社